Management
une affaire de proximité

Éditions d'Organisation
1, rue Thénard
75240 Paris Cedex 05
www.editions-organisation.com

Dans la collection Rhinfo.com

Patrick BOUVARD, *Le stress, cet ami caché*, 2003

Maurice THÉVENET

Management
une affaire de proximité

Éditions
d'Organisation

Présentation de la collection

Rhinfo.com est l'une des premières communautés de décideurs Ressources Humaines francophones. Créé en mars 1999 par la société Shared Value, le site n'a cessé de croître, dépassant à ce jour les 18 500 abonnés.

Sa politique éditoriale – s'accordant une liberté de ton et une transgression délibérée de la langue de bois – l'a vite démarqué, dans un univers habituellement feutré et plus soucieux d'opportunisme que de transparence.

Pour autant, son pragmatisme et son souci d'efficacité professionnelle allient constamment la perspective pratique à l'approche critique ; ce qui lui vaut d'être présent dans tous les secteurs et dans plus de 30 pays.

Ses travaux et recherches, dépassant largement ses articles journaliers, sont aujourd'hui mis à la disposition du grand public, dans des ouvrages concis, aisement accessibles et couvrant une large palette de sujets professionnels.

La « collection rhinfo » regroupera ainsi trois « veines » de styles différents :

• des recueils de chroniques, attenant à des thématiques d'actualité ;
• des fondamentaux, offrant une vision synthétique et pertinente des concepts ou pratiques les plus incontournables.

Le souci permanent de cette collection est en définitive une vraie gageure : joindre l'utile à la réflexion, le recul critique au pragmatisme opérationnel.

rhinfo.com

Sommaire

Avant-propos

Rien n'est sans doute plus convenu que d'affirmer l'importance des personnes pour la réussite des entreprises. Chacun y va de son couplet sur la richesse de l'homme, même si les brutalités des mouvements de l'économie et la sévérité des décisions des entreprises ne semblent pas toujours le confirmer. On peut s'étonner, être scandalisé, crier à l'horreur ou occire les boucs émissaires. Il n'en reste pas moins que les personnes doivent être au centre de l'entreprise, c'est sa seule condition de succès et de développement.

Toutes les périodes de la jeune histoire du management ont développé leurs propres approches, toujours imparfaites, voire un peu naïves. Ces chroniques traduisent sans doute cet air du temps. Elles se veulent de bon sens ; elles n'oublient jamais que derrière le voile virtuel des organisations, n'existent que des personnes, pas plus qu'elles ne prétendent que les sciences du management pourront de sitôt rattraper la sagesse des réflexions inaltérables des siècles passés sur l'action de l'homme, son art à vivre avec autrui.

Il est trop facile de relever les écarts entre les discours et les réalités humaines dans les organisations. Le plus souvent, ces différences résultent moins de la malignité que de la méconnaissance, elles expriment moins la turpitude que la naïveté, elles traduisent moins l'incompétence que le manque de bon sens.

Au-delà de la diversité des thèmes, à l'origine de ces chroniques, se retrouvent trois grandes idées.

La première concerne **le besoin grandissant d'une gestion des personnes.** Elle illustre la nécessité de prendre en compte dans les entreprises les personnes dans leur unicité et leur originalité, au-delà d'un ensemble représenté par le « personnel », d'une réduction « gestionnaire » promue par les « ressources humaines », d'une simplification dangereuse insinuée par une segmentation aux bons sentiments qui exacerbe les différences de culture, d'âge, de genre ou d'origine. La gestion des personnes, c'est d'abord la reconnaissance, dans cette société si diverse où travailler veut dire quelque chose de particulier pour chacun, de l'originalité de la personne. C'est ensuite la mise en valeur du fait qu'au-delà des organisations et des systèmes, le fonctionnement des entreprises n'est que le fruit de comportements individuels. C'est l'affirmation que les personnes ne peuvent s'exonérer de la responsabilité et des conséquences des décisions. Gérer des personnes, c'est enfin assumer qu'on en est une… et donc qu'avant de louer, blâmer ou contester les outils et techniques de la gestion, ce sont les personnes dont il faut reconnaître les qualités ou la perversité.

La deuxième idée de ces chroniques consiste à **remettre un peu de bon sens dans les idées toutes faites qui courent sur le management**, dans la manière de conduire une fusion, dans la nécessité de changer les équipes qui gagnent, la prise en compte des limites du « chouchoutage » ou des illusions du management à distance. Le changement se vend bien, tous les communicateurs sont à la recherche de tendances, d'évolutions et de nouveautés. Le bon sens est moins spectaculaire, mais les entreprises qui ont fait faire à leur encadrement son apprentissage en voient généralement les effets bénéfiques.

La troisième idée de ces chroniques est de **mettre en valeur l'importance du management de proximité.** Les entreprises ont besoin de l'implication de tous et il en constitue sans doute le principal levier. À l'heure où tant de personnes compétentes dans les organisations (pas seulement les entreprises) revendiquent la tranquillité d'une fonction sans rapports humains trop lourds à supporter (au sens français et américain du terme), c'est un problème majeur pour les entreprises de recruter et de former des cadres de proximité qui aiment et sachent assumer cette mission collective.

Le principal résultat de ces chroniques, écrites au fil de l'actualité des entreprises et de la recherche en management, entre 2001 et 2003, serait d'entrer ici ou là en résonance avec la réflexion d'un lecteur. Ce dernier y verrait un dialogue à distance, un déplacement fécond de son propre regard, en tout cas jamais la réponse à ses questions, lui qui est déjà sur la bonne voie en se les posant…

Diriger ?

Gérer les moments difficiles

Gérer le personnel n'a jamais été chose facile. Certains tendent à penser que des décisions stratégiquement inspirées, relayées par des opérationnels efficaces créent de la réussite alors que le personnel coûte. Certes, les coûts de personnel sont toujours trop élevés (comme les autres d'ailleurs) et les entreprises sont nombreuses à en faire de nouveau le constat quand la situation économique se détériore. Dans cette entreprise normande, la DRH en est à sa cinquième révision du budget « ressources humaines » depuis la rentrée des vacances… Il faut dire que l'économie évolue parfois brutalement : dans cette autre entreprise fournisseur de l'industrie du luxe et des cosmétiques, on ne savait comment faire face aux commandes au premier trimestre alors qu'il ne reste plus de plan de charge aujourd'hui ; et les attentats aux États-Unis n'y sont pour rien puisque les annulations et chutes de commandes datent du milieu de l'été. On en est maintenant à reconstituer les dossiers et les procédures de plans sociaux et licenciements que l'on avait oubliés depuis une dizaine d'années…

Les annonces de licenciements aux États-Unis pour les neuf premiers mois de l'année 2001 dépassent la somme des licenciements de 1999 et de 2000[1]. Même si de nombreux plans font référence aux attentats du 11 septembre, il est clair qu'un retournement de l'économie se produit qui semble frapper les observateurs par sa brutalité et sa rapidité. De la

1. Statistiques de Challenger, Gray and Christmas, reprises par *The Economist*, 13-19 2001, p. 64.

même manière que l'euphorie avait rapidement gagné les esprits, jetant aux oubliettes de l'histoire les temps difficiles de l'ancienne économie, la récession revient en première ligne et, avec elle, les plans de restructuration, d'économie et d'amaigrissement. Nos fonctionnements collectifs sont toujours soumis aux mouvements de balancier, à l'exagération dans un sens qui n'a d'égale que la force d'entraînement dans l'autre direction. Mais cette fois tout semble aller encore plus vite que d'habitude.

Bien entendu, le personnel constitue une des premières variables d'ajustement dans ces situations : rien de nouveau sous le soleil. On réduit les heures supplémentaires, on bloque les salaires, on ne renouvelle pas les contrats de travailleurs intérimaires, on rapatrie certaines activités « outsourcées » aux moments de vaches grasses et de recentrage sur les métiers de base. Mieux encore, on supprime tout ce qui réduit les coûts sans que les effets ne soient immédiatement visibles : plans de recrutement, de formation, de développement des compétences. Si les programmes de motivation ne sont pas touchés, c'est qu'ils ont changé d'objectif : ils ne s'appliquent plus à la fidélisation mais au maintien du moral des « survivants » comme on appelle avec délicatesse ceux qui ont survécu au plan social…

Gérer le personnel, assumer ses fonctions de management n'est pas chose facile quand les événements économiques tournent si mal et si vite. »

Revoir à la baisse, licencier, revenir sur tout ce que l'on a eu tant de mal à mettre en place comme projets, plans, programmes n'est jamais chose aisée pour les « victimes » mais aussi pour ceux qui doivent assumer ces décisions. L'article de *The Economist* déjà cité faisait référence à une enquête auprès de 45 hôpitaux américains selon laquelle les managers ayant eu à licencier voyaient doubler le risque de faire une crise cardiaque dans la semaine suivant les licenciements…

Il est facile de s'étonner, de se scandaliser, voire d'accuser tous et chacun, tellement la brutalité des décisions, des évolutions, de la réalité finalement, est inacceptable. Mais, au quotidien, il faut bien assumer et, s'il est clair qu'il n'y a là aucune facilité, on peut au moins rappeler quelques réalités qui permettront peut-être de s'engager, en matière de ressources humaines, dans la récession avec un peu moins d'aveuglement que dans ces dernières années assez brouillonnes en matière de gestion du personnel.

Face aux moments difficiles, quand les DRH vont se retrouver dans leur rôle de gestionnaire de variable d'ajustement, cinq questions peuvent au moins être posées, éventuellement à un comité de direction.

Les moments difficiles sont toujours le moment de **prendre des décisions importantes.** Pourquoi ne pas décider que l'on n'a plus besoin de GRH ? Face aux évolutions brutales, l'entreprise déciderait de faire les plans sociaux et les économies qui s'imposent. Elle décide bien évidemment qu'en cas de reprise, on paiera les surcoûts nécessaires pour attirer les talents, assurer le minimum de fidélisation permettant de faire face à la reprise. Le contrat avec les salariés devient un contrat proprement utilitaire avec le prix qui convient. Cela aide à faire les plans sociaux mais il faudra payer cher en termes financiers et en termes de compétences, d'implication.

Est-ce aberrant de faire ce choix ? Non, si l'on constate que peu d'entreprises le font, prêtes à payer très cher le fait de ne pas avoir réellement de personnel.

Est-ce efficace ? La recherche montre seulement que les entreprises qui réussissent sur le long terme n'adoptent pas ce genre de politique, elles essaient plutôt, avec persévérance, de travailler avec la seule finalité de l'implication de leurs collaborateurs.

Tous les manuels ont suffisamment glosé sur le **passage d'une administration à une gestion du personnel** pour que l'on n'en tire pas quelques conséquences. Réduire les coûts, c'est souvent interrompre des politiques pluriannuelles concernant les ressources humaines en recrutement, gestion des carrières ou développement des compétences. Malgré le feu de l'action et les urgences des révisions de budget, il n'est pas interdit de reprendre les vieilles politiques de personnel, celles du début de l'année par exemple et de mesurer quels sont les gains que l'on ne fera pas en n'engrangeant pas les fruits des politiques mises en œuvre et prématurément interrompues.

C'est le cas des programmes de formation qui, s'ils sont bien conçus, doivent faire profondément évoluer les comportements dans l'entreprise : quel est le coût d'opportunité de leur interruption ? Combien faudra-t-il surpayer leur reprise dans le futur ?

La création de valeur a été le référentiel majeur de ces dernières années. Cela a conduit les directions des ressources humaines à préciser

7

en quoi les personnes contribuaient à créer la valeur nécessaire au *business model* de l'entreprise [1]. La gestion du personnel, comme les autres fonctions de l'entreprise, doit contribuer au redressement des comptes quand la situation est difficile mais elle doit être capable comme les autres de montrer quels sont les enjeux des décisions de réduction des coûts qui la touchent plus directement. On sait ce que peut coûter une économie sur des coûts de maintenance, une rupture dans la recherche et le développement. Il en va de même pour les ressources humaines, surtout quand on pense que dans le secteur du service ou dans certaines formes d'organisation, la performance de l'entreprise dépend grandement des personnes et de leur implication en particulier.

Nécessité peut faire loi et l'entreprise ne peut éventuellement pas y échapper mais quelle est la politique d'accompagnement de cette décision. On sait quels sont les « dommages collatéraux » de plans de licenciement, la démotivation des restants, le repli sur soi de beaucoup dont l'énergie et la motivation devraient justement permettre de récupérer de la performance. Quel est le coût de ces politiques d'accompagnement ? Comment ces décisions graves vont-elles être mises, en œuvre, discutées, soumises à la question en toute transparence. C'est le seul moyen de limiter les conséquences négatives en interne: chacun peut comprendre que de telles décisions soient nécessaires, tout le monde a droit de réévaluer son lien à l'entreprise, et particulièrement aux personnes engagées dans ces décisions : c'est un enjeu majeur pour le management.

> « En aucune manière, une réduction des coûts de personnel ne peut tenir lieu de politique du personnel. »

Dans nos organisations, une très forte pression est mise sur les managers, quel que soit leur niveau dans la hiérarchie. Les meilleures procédures et outils de gestion du personnel ne peuvent contribuer qu'à moitié à la réussite d'une entreprise. Une politique de personnel qui fonctionne exige l'engagement de tous les niveaux de la hiérarchie. Dans les décisions difficiles que doivent prendre les entreprises en

---

1. B.E. Becker, M.A. Huselid, D. Ulrich, *The HR scorecard–Linking people, strategy and performance*, The Harvard Business School Press, 2001.

matière de personnel, il n'y a pas qu'une direction du personnel désincarnée qui est en cause mais chaque responsable, dans la quotidienneté et la banalité de ses relations courantes avec le personnel.

Il ne fait jamais oublier que dans ces situations, les responsables ne sont pas que les courroies de transmission de décisions prises dans l'alcôve de directions générales omniscientes. Ceux qui sont personnellement, émotionnellement et directement en

Le HBS, c'est le harcèlement du bon soldat. »

première ligne, ce sont ces responsables. À l'heure où le harcèlement est très à la mode, il ne faudrait pas qu'ils soient aussi du lot, les entreprises couperaient alors la branche sur laquelle repose leur bon fonctionnement.

Ce que diriger
voudra dire

Il y a une quinzaine d'années, une grande marque automobile adoptait le slogan suivant « *Quand les temps sont durs, on en revient aux valeurs sûres* ». Le magazine *The Economist* semble avoir retenu le conseil en confiant à Peter Drucker la totalité du cahier central de son numéro du 1er novembre 2001. *The Next Society* est le titre de cette série d'articles ; c'est un sujet sur lequel chacun aura intérêt à lire les réflexions du célèbre professeur de l'Université de Claremont en Californie, à 92 ans et après des décennies passées à observer, écouter, questionner les évolutions des organisations et de leur management. Il se permet une fois encore le risque de la prospective qui est d'autant plus fécond qu'il s'enracine sur ce regard distancié, historique, profondément concret et humain qui a guidé l'auteur dans ses travaux. À l'heure où la dictature de l'actualité s'impose partout quand il s'agit de comprendre notre monde, on peut goûter le plaisir de l'expérience, du recul et de l'intelligence de sa lecture de notre société. Que l'on soit d'accord ou non avec sa vision de l'actualité et du futur, chacun gagnerait à prendre quelques instants pour lire ce document d'exception.

Sa vision de « la société qui vient » met en évidence des phénomènes porteurs selon lui de très grands changements. La question démographique arrive au premier plan avec ce renversement des générations au profit des plus âgés : même si Drucker est historiquement un peu rapide en disant qu'un tel bouleversement ne s'est pas produit depuis la fin de l'Empire romain, c'est évidemment un changement potentiel majeur de nos sociétés qui semble bien peu pris en compte. Il souligne aussi le nombre croissant de « travailleurs de la connaissance » (*knowledge workers*) dans la population active : ce serait également porteur de grands changements tant cette connaissance constitue une nouvelle forme de capital pour les organisations, tant ces nouveaux travailleurs développent une autre représentation du travail : ils sont plus mobiles, plus indépendants, plus exigeants vis-à-vis des organisations puisqu'ils ont conscience d'avoir en eux-mêmes la ressource de leur futur. Les différentes contributions reprennent ainsi différents lieux d'évolution qui devraient normalement alimenter la réflexion sur notre futur que tout honnête homme devrait penser à défaut de pouvoir le prédire.

Mais de manière plus intéressante, les contributions de Peter Drucker s'articulent selon une structure qui en dit encore plus long quand il s'adresse aux managers. À l'origine de sa vision du futur ne se trouvent pas les technologies mais les personnes. Au premier plan vient la question démographique. Pour lui le constat ne s'arrête pas à un déséquilibre de la population des nations développées qui ne se renouvellent plus naturellement. Le poids relatif croissant des catégories les plus âgées ne pose pas seulement la question des mouvements migratoires. C'est aussi un problème politique puisque ces nombreuses couches votent et les hommes politiques devront savoir les séduire et les satisfaire, ce qui ne nous prédispose pas à donner leur place aux générations plus jeunes… Plus encore, cette césure en termes d'âge et d'appartenances ethniques ou culturelles va se traduire par un éclatement des cultures, des modes de consommation et des marchés : si le développement économique des dernières décennies s'est opéré en diffusant une culture de masse relativement homogène centrée sur le modèle de consommation du « jeune », on assistera peut-être à un éclatement des modes de consommation et donc du fonctionnement des marchés.

Au niveau des personnes encore, Drucker s'intéresse au nombre croissant de travailleurs de la connaissance, des personnes qui ont une expertise, une connaissance, un niveau de formation et de savoir-faire. Il ne s'illusionne pas sur le contenu de ce qu'ils font quotidiennement : de nombreuses personnes qualifiées, partout, effectuent le plus souvent des tâches en deçà de leurs possibilités. Si les connaissances et les compétences constituent la ressource critique, le capital des entreprises, ces travailleurs deviendront les véritables capitalistes de demain, salariés, mais aussi pourvoyeurs de ressources pour des entreprises sur lesquelles ils auront de plus en plus de pouvoir. Les rapports de travail évoluent alors de rapports patron-subordonnés à des rapports de « collaboration », de partenariat, de prestations mutuelles avec comme seule hiérarchie, celles du client-fournisseur ou du junior-sénior dans le même domaine d'expertise. Le milieu de ces personnes, c'est la profession, pas l'entreprise, voire l'équipe ou le groupe. Bien évidemment, l'idée d'acquérir soi-même et par soi-même cette expertise qui vous permettrait de grimper indéfiniment dans une hiérarchie du savoir et de la connaissance est en partie illusoire. Il ne peut y avoir, ici comme ailleurs, que des gagnants et il faut prévoir, selon Drucker, des problèmes personnels importants quand la personne atteint ce « plateau » de carrière, cet état de stagnation, plutôt que de stabilité où la personne doit se construire de nouveaux équilibres dont le travail n'est que l'une des dimensions.

Pour Drucker, ces changements au niveau des personnes justifient en partie la question de la survie des entreprises telles que nous les connaissons. La question est pertinente puisque, à la différence de l'armée ou de l'église, l'entreprise est une institution bien jeune dans notre longue histoire humaine.

Deux de ces hypothèses implicites concernent la relation entre l'individu et l'organisation. L'entreprise était traditionnellement maîtresse et le salarié le serviteur : avec l'importance de la connaissance possédée par des personnes plus que par des systèmes, ce rapport de forces évolue. Deuxièmement, la norme de travail était le temps plein ; même si beaucoup continueront de travailler sur ce mode, la force de travail tend vers un éclatement grandissant avec des contrats très divers : ce n'est pas qu'un problème de relation entre le travailleur et l'entreprise mais aussi de cohésion et de fonctionnement d'un collectif de travail.

> Pour Drucker, l'entreprise fonctionnait sur la base de cinq grandes hypothèses implicites, aujourd'hui remises en cause. »

Les autres hypothèses touchent indirectement aux personnes puisqu'elles ont trait à la raison d'être même de l'entreprise. La meilleure façon de produire consistait traditionnellement à mettre ensemble sous un même management le plus grand nombre de personnes et de fonctions possibles : quand il est impossible d'être bon en

13

tout, quand les modes de communication changent, d'autres formes de travail apparaissent qui n'exigent plus d'être tous ensemble sous la même ombrelle de l'entreprise ; le développement des formes de partenariat en est aujourd'hui le signe. Traditionnellement aussi, l'entreprise-fournisseur avait un pouvoir et un ascendant certain sur ses clients puisqu'elle disposait d'informations auxquelles le client n'avait pas accès ; aujourd'hui, les relations entre client et fournisseur deviennent de plus en plus complexes et le périmètre de ces relations fluctuant. Drucker cite l'expérience de General Motors qui se met à acheter des véhicules pour ses clients, qu'ils soient de ses marques ou non. Enfin, il considère qu'est remis en cause le principe selon lequel à chaque technologie correspondait une industrie et réciproquement. Aujourd'hui, les découvertes qui ont un impact sur votre industrie peuvent se faire dans un tout autre secteur, et l'image d'une entreprise intégrée depuis la découverte initiale jusqu'au marché n'est plus très réaliste (il suffit de voir le périmètre actuel d'un constructeur automobile par rapport à ce qu'il était au siècle dernier).

Évolution des facteurs humains, transformation de l'essence même de l'entreprise, la réflexion de Peter Drucker aboutit alors naturellement à s'interroger sur la fonction de direction générale dans l'entreprise. Voilà une vraie question, tant la personnalisation de l'entreprise est forte.

« Si l'entreprise change, le management au sommet doit aussi changer, et c'est un des aspects de la crise des organisations qu'il va falloir aborder. »

Pour Drucker, cette crise est déjà sensible puisque la figure actuelle du dirigeant est celle d'un superman, personnalité hors du commun, capable de tout faire, tout embrasser, avoir des visions, donner du sens et affirmer une présence forte dans le quotidien...

Être dirigeant devient d'autant plus difficile que l'on tend pour Drucker vers des formes d'entreprise très diverses ; une entreprise va de moins en moins ressembler à une entreprise : entité, confédération, réunion de contrats divers, les fusions, les alliances, les partenariats dans tous les sens donnent un avant-goût de cette créativité organisationnelle foisonnante. Au-delà de l'horizon unique de la Bourse, le dirigeant devrait conduire une organisation qui n'est plus seulement économique mais également sociale, puisque la société lui soumet ses exigences, et humaine puisqu'il s'agira d'attirer et retenir plutôt que de simplement

14

employer. La notion même de direction générale devrait alors évoluer : une ou plusieurs personnes ? quel mode de désignation ? quelle répartition des rôles avec les autres instances ? Tout devient redéfinissable. C'est un enjeu considérable pour les dirigeants d'aujourd'hui mais plus encore pour la préparation par les entreprises des dirigeants de demain...

Pour se convaincre de l'enjeu, il suffit de lire Simon London[1] dans le *Financial Times*. Dans les temps de difficulté que nous traversons, sa préconisation, à la lumière de travaux récents et des expériences de J. Welch, bien sûr, mais aussi de Al Dunlap de Scot Paper et de J Chambers chez Cisco, c'est d'avoir des dirigeants à la fois capables de voir, de décider de trancher vite et bien et compétents en matière humaine. Cette compétence, c'est pour lui, en reprenant les travaux de Bennis, d'avoir cette proximité relationnelle et émotionnelle permettant de motiver et communiquer, d'être intègre et courageux.

Encore une fois, le modèle proposé est celui du superman, possédant toutes les qualités que les anciens réservaient aux dieux. Je ne sais pas si de telles préconisations aideront vraiment à prendre de bonnes décisions de choix ou de préparation de futurs dirigeants mais elles confirment, s'il en était besoin, que l'intuition de Drucker est pertinente : il est vraiment urgent de se demander ce que diriger veut dire !

© Éditions d'Organisation

---

1. S. London, « Wanted : ruthless axeman with people skills », *in The Financial Times,* 14/11/2001, p. 13.

15

Partie I

L'entreprise : valeurs et culture

Les nouveaux jeunes sont-ils arrivés ?

Les questions démographiques reviennent à l'ordre du jour. On voit bien les liens entre l'insuffisant renouvellement des générations et le problème des retraites. À peine la croissance retrouvée, on se lamente des difficultés de recrutement et du manque de main-d'œuvre qui tient aussi à notre démographie de ces dernières décennies. Ce regain d'intérêt survient alors que les sciences humaines ont moins de succès aujourd'hui qu'hier comme le montrent les chiffres de l'édition pour l'année 2000. Faut-il voir là une séduction soudaine pour une science sociale qui permet quelque prévisibilité…

L'attitude particulière des jeunes générations semble préfigurer, pour certains, des changements profonds pour notre société et, bien entendu, le management des entreprises, comme le soutient *The Economist*[1]. On ne peut s'empêcher de se demander si ces thèses doivent être prises au sérieux ou si ce n'est pas qu'une nouvelle version du discours des vieux sur les jeunes ou des jeunes sur les jeunes. Comme nous le montrent très bien la littérature et l'histoire, à toutes les époques, les jeunes ont considéré qu'il y avait deux grandes périodes dans l'histoire de l'univers : avant eux et après eux ; à toutes les époques aussi, les vieux ont considéré que les jeunes n'étaient plus ce qu'ils étaient, qu'ils ne respectaient plus rien et voulaient tout sans ne rien savoir…

————————

1. *The Economist,* numéro double de Noël 2000, 23/12/00-5/1/01.

Il n'est que de se souvenir des discours des « vieux » de 1968 sur ce que deviendraient ceux qui, actuellement, ont le pouvoir tant économique que médiatique…

Jusqu'à présent, on avait tendance à comparer les générations en termes de poids respectifs : les générations fournies de *baby-boomers* grisonnants opposées aux maigres tranches des jeunes dans la pyramide des âges. On prévoyait déjà les luttes de pouvoir entre les « vieux » accrochés au pouvoir que les « jeunes » moins nombreux veulent, comme toujours, leur ravir.

Ce n'était pas qu'un problème de société mais aussi de management. Les générations des anciens, experts matures, formés, expérimentés ne voudraient pas si vite décrocher et abandonner un pouvoir qu'ils ont conquis et qu'ils sont nombreux du même âge à vouloir partager. Les quinquagénaires body-buildés auraient été assez nombreux pour s'imposer aux jeunes dont la vocation se résumait à leur payer leurs retraites quand ils voudraient bien lâcher la barre.

Dans beaucoup d'entreprises, on voyait même poindre – quelle surprise ! – les conséquences des politiques d'emploi en *stop-and-go*, quand on s'est privé de recruter régulièrement pour lisser l'évolution d'une pyramide des âges. Ainsi, un retour de croissance et le besoin de compétences nouvelles conduisent toutes les entreprises à recruter au même moment les mêmes jeunes compétents qui font évidemment monter les enchères.

Dans son numéro de Noël, *The Economist* consacre son cahier spécial aux jeunes en suggérant qu'ils sont en fait en train de prendre le pouvoir et surtout dans les entreprises, ou du moins dans notre économie. Thèse plus économiste que politique, puisqu'elle oppose un pouvoir de la rareté à celui des rapports de nombre.

L'argument majeur de cette thèse concerne l'accès précoce des jeunes, voire des enfants, aux technologies de l'information. D'après ce magazine, 60 % des foyers américains avec enfants seraient équipés d'une connexion à Internet et si seulement 10 % des étudiants ont un diplôme technique la totalité d'entre eux utilisent l'e-mail et Internet alors que la moitié des adultes n'ont pas de connexion, spécialement ceux qui n'ont pas d'enfants. On nous décrit une famille type comme un rassemblement de personnes dans lequel l'adolescent, plutôt que le père, devient le

« *tech guru* » de la famille. Baignés dans cet univers de technique et de relations, les jeunes auraient « intériorisé » ce mode de communication plutôt que de l'avoir appris comme nous l'avons fait. La différence entre adultes et jeunes enfants vis-à-vis de ces technologies serait du même ordre que les différences d'apprentissage des langues étrangères pour un enfant d'un couple monolingue ou bilingue : les seconds sont tombés dedans quand ils étaient petits… et l'on entend la différence.

Plus encore, les jeunes auraient aujourd'hui des caractéristiques particulières susceptibles d'influencer grandement leurs premières approches du travail et leurs capacités à transformer les organisations dans lesquelles ils entrent.

L'article de *The Economist* cite Pearl Buck d'il y a 50 ans : « *Les jeunes n'en savent pas assez pour être prudents, c'est pourquoi ils tentent l'impossible et le réussissent, génération après génération* ». Pour défendre cet argument, l'article souligne que les jeunes restent de nos jours plus longtemps libres de contraintes familiales, ce qui réduiraient leurs capacités à prendre des risques : l'âge de formation d'une famille recule et les jeunes de 20 ans ou de 35 ans n'auraient de ce fait jamais été aussi proches dans leur approche de la vie et donc du travail.

Les jeunes seraient très ouverts au changement, ce qui les prédisposerait au travail fort imprévisible de demain. »

Les jeunes penseraient différemment. Pour l'auteur de l'article, le trait principal de ce changement de pensée, c'est la remise en cause du principe de « courbe d'expérience » : au contraire, il faudrait valoriser la courbe d'inexpérience qui vous permet de mieux penser en dehors du cadre puisque vous ne connaissez pas de cadre…

Les jeunes seraient indépendants. Ils n'attendent rien des entreprises donc n'estiment rien leur devoir. Finalement le discours managérial des années de crise a bien fonctionné. On a suggéré de suivre des carrières mobiles en zigzag, d'une entreprise à l'autre, sans imaginer passer trop de temps dans une entreprise qui ne peut garantir la sécurité de l'emploi : eh bien, on y serait et les directions des ressources humaines en voient les inconvénients quand les jeunes, surtout ceux dont on a besoin et que l'on veut garder, n'imaginent pas de rester trop longtemps dans des organisations auxquelles ils deviennent indifférents.

Les jeunes seraient entrepreneurs. Ils auraient plus de connaissances sur l'entreprise et le business que les générations précédentes, ils auraient connu, dans de plus grandes proportions, plus jeunes le monde du travail, voire développé leurs propres activités. Finalement, les universités et les familles auraient tellement poussé pour qu'ils acquièrent une expérience de bonne heure qu'ils le font,... au détriment même de leurs études et de la vie scolaire et étudiante classique.

Les jeunes voudraient des opportunités plus que de l'argent et de la sécurité. Le monde des start-ups a fasciné et l'on imagine de merveilleuses opportunités que de grosses structures ne peuvent pas forcément offrir ; mais la tendance à créer une famille plus tard repousse également dans le temps la satisfaction d'un besoin de sécurité.

À chaque époque, on a cru que les jeunes étaient différents et que la société ne serait plus jamais la même. »

Les jeunes réclameraient plus de respect : bien évidemment les tentatives de séduction exercées par les acteurs du marché du travail ne font que renforcer ce sentiment d'être désiré donc respecté. Quand on est désiré, on sent d'autant moins le besoin d'être très respectueux et déférent vis-à-vis des autres et, en particulier, des autres générations dont on n'a pas l'impression qu'elles peuvent vous apprendre quelque chose dont vous avez besoin.

Ces « nouveautés » de la jeunesse sont-elles vraiment nouvelles ? À chacun d'en juger. Mais elles alimentent le discours actuel, selon lequel nous vivons en économie une transformation profonde. Certains diront que cela ne concerne que la nouvelle économie, celle d'avant ou après avril 2000 (comme on dit aux États-Unis), date du retournement des valeurs technologiques. D'autres affirmeront que l'ancienne économie, ou du moins les anciens secteurs sortiront de toute manière transformés de cette période... Quoi qu'il en soit, le problème des âges est aujourd'hui un problème de gestion du personnel et de management. La plupart des lecteurs qui se retrouvent dans l'économie tout court peuvent, devant cette chronique, s'interroger sur l'évolution des générations mais garder en tête quelques idées bien concrètes qui les aideront à travailler sur les problèmes bien concrets d'aujourd'hui.

Les jeunes, indépendants, entrepreneurs, etc., ne peuvent-ils plus s'impliquer dans les entreprises d'aujourd'hui ? Récemment, nous faisions une enquête sur le turnover des jeunes dans une entreprise de restauration rapide. Nous avions décidé d'interroger les salariés ayant quitté l'entreprise depuis trois ans. La moyenne d'âge des personnes est de 27 ans, elles sont dans ces secteurs non nobles que certains appellent « petits-boulots ». Il leur était envoyé par voie postale un questionnaire avec le logo de l'entreprise. Le principal résultat de l'étude a été d'obtenir un taux de réponse de 40 % ! L'analyse des réponses montrait un très fort attachement à l'entreprise et en décrivait bien les raisons, qu'il serait trop long d'expliquer ici.

Une deuxième idée doit rester présente à l'esprit des gestionnaires des personnes. Pendant de nombreuses années, les entreprises ont dégraissé ; elles ont diminué le nombre de niveaux hiérarchiques pour atteindre des structures plus plates ; elles ont mis le maximum de personnes sur le terrain, au plus proche d'une contribution à réaliser. En faisant cela, elles ont cassé la tradition de la progression *Les jeunes peuvent toujours s'impliquer dans l'entreprise. »* lente dans de lourdes hiérarchies qui avaient au moins une fonction, celle de laisser se développer une maturité, une épaisseur des personnes qui acquéraient la maîtrise du temps de la mise en œuvre, la rigueur des projets à suivre sur le long terme, la patience du fonctionnement avec les autres. Cette durée permettait de trouver son équilibre, de donner de la profondeur à des personnalités ; un des effets en était de mieux être capable de vivre avec les autres, de se supporter et de les supporter, à tous les sens du terme. Certains considèrent même que ces compétences sont nécessaires pour faire de grands patrons, de grands managers. Comment peut-on donner aujourd'hui ces compétences alors que les structures réduites et le besoin de promotions rapides vont conduire à donner de très grandes responsabilités avant d'avoir acquis cette « maturité » ? Les grandes entreprises ont commencé à prendre en compte le problème ; elles développent des programmes de formation interne de plus en plus sophistiqués.

Cela suffira-t-il ? Ce n'est pas sûr. Certes, il faut intégrer les jeunes, leur faire faire ce qu'eux seuls semblent capables de faire, comme le disent les chantres de l'économie mais sans oublier que les organisations doivent savoir comment les faire devenir, dans le futur, des... vieux efficaces.

Cultiver les talents

On redécouvre aujourd'hui le problème de la pénurie de main-d'œuvre. Il n'est pas une région de France où les chefs d'entreprise, tout comme les administrations du travail, ne vous fassent part de leurs difficultés de recrutement dans certains secteurs de compétences ou d'activité : c'est le cas du bâtiment, des saisonniers du tourisme, mais aussi de personnels efficaces pour le secteur des services. Les directions du personnel réapprennent le recrutement et ses techniques et le vocabulaire guerrier permanent dans la littérature de gestion, concerne maintenant l'emploi. Depuis quelques années aux États-Unis, on parle de bataille pour les talents[1], de chasse aux compétences et les employeurs font preuve de plus en plus d'imagination et dépensent de plus en plus d'argent pour recruter ceux qui vont leur permettre d'assumer la croissance et le maintien de leur pyramide des âges.

Dans un ouvrage récent[2], O'Reilly et Pfeffer contestent l'idée selon laquelle les individualités feraient le succès des entreprises. Bien entendu, les auteurs reconnaissent l'importance des recrutements réussis qui drainent de vrais talents vers l'entreprise, cela leur paraît même être l'une des missions les plus critiques de la gestion du personnel que de les attirer et de les sélectionner. Mais, si ces

> Il y a quelque chose d'encore plus important et difficile à acquérir que les talents, ce sont les cultures et les systèmes dans lesquels les entreprises vont pouvoir utiliser ces talents. »

---

1. E.G. Chambers, M. Foulon, H. Handfield-Jones, S.M. Hankin and E.G. Michaels III, *The War for Talent,* Mc Kinsey Quarterly 3 (1998).
2. C.A. O'Reilly III, J. Pfeffer, *Hidden Value,* Harvard Business School Press, 2000.

talents sont nécessaires, ils sont insuffisants, c'est-à-dire que, en plus des talents, il faut un contexte de travail, des modes de travail en commun, des références communes qui permettent réellement à ces talents de s'exprimer (comme on dirait en vocabulaire sportif) et d'être tout simplement efficaces.

L'argument fait mouche parce qu'il évoque trop de situations connues. Qui n'a pas mesuré le risque pris sur les équipes existantes, quand on intègre des nouveaux aux compétences reconnues... sur le papier ? Mieux encore, le sport nous a montré que la réputation des joueurs ne va pas forcément avec le succès de leur équipe, et réciproquement : qui aurait pu citer, la saison dernière le nom d'un joueur de Calais, finaliste de la Coupe de France ?

Il existe donc bien une nécessité de s'intéresser autant aux personnes qu'à leur manière de fonctionner ensemble. Les entreprises en cours de fusion savent que l'on fusionne pour des raisons stratégiques mais que la mise en œuvre n'est qu'un problème de personnes et de culture. Même les analystes financiers se réunissaient récemment avec les dirigeants d'une grande chaîne de distribution spécialisée pour parler de culture d'entreprise : ils avaient bien compris que les compétences des personnes à travailler ensemble, le mode de relations inimitables qu'elles ont constitué, représentaient la véritable valeur de l'outil de production... du service.

L'ouvrage de ces deux auteurs américains présente le cas de ces entreprises qui ont réussi dans le long terme sans recette miracle apparente. La simplicité, voire la banalité, de ce qu'elles ont fait saute aux yeux quand on rentre dans le cas de Southwest Airlines ou SAS Institute, au point que certains tentent d'imiter leurs approches sans jamais obtenir le même succès. Il est vrai que la culture et l'expérience accumulée du travail en commun constituent l'intangible inimitable : on peut singer des procédures, copier des machines, recruter des profils semblables, voire reproduire les mêmes systèmes de rémunération, on ne peut pas imiter l'alchimie de ce que les personnes vivent et ont vécu ensemble.

Voilà bien un autre type d'ouvrages de management : les anciens nous faisaient rêver sur des *success stories* que l'on essayait en vain d'imiter, celui-ci nous invite à ne même pas essayer de réaliser le rêve.

© Éditions d'Organisation

En fait, il n'est rien de plus pratique que les théories de la culture pour approcher le problème de manière efficace[1]. La culture ne parle de rien d'autre que des modes de vie en commun ; elle ne se rapporte à rien d'autre qu'à ce que font les personnes, aux références qui les conduisent à faire, à se comporter.

Pour une entreprise qui voudrait dépasser la recherche coûteuse des talents pour s'occuper de la manière dont ils doivent fonctionner ensemble, trois pistes s'avèrent pertinentes.

Premièrement, votre entreprise a forcément une culture. Vous ne l'avez peut-être pas détectée parce que vous êtes en plein dedans, elle ne correspond éventuellement pas à votre idéal mais such is life, il faut bien faire avec. Mieux encore, un élément important de votre culture c'est votre conception de la personne, de ses droits et devoirs vis-à-vis de l'entreprise mais aussi des droits et devoirs de l'entreprise à son égard. Cette culture, ce sont toutes ces références, ces hypothèses de base, pas forcément conscientes, qui déterminent les comportements dans votre organisation. Elles sont le fruit de votre histoire, de la manière dont vous avez réagi, plus ou moins en tâtonnant, aux situations que vous rencontriez.

Je peux entendre les discours sur le droit à l'erreur, l'importance des personnes et le souci du développement des compétences, je dois surtout vérifier si cela guide effectivement l'évaluation des performances, le déroulement des carrières. Je dois aussi vérifier si la quotidienneté des rapports au sein des équipes, dans la relation managériale correspond à ces pétitions de principe humanistes que l'on retrouve partout. Certes, on entend souvent que les personnes représentent le capital principal de l'entreprise, mais quand on voit la diversité des modes de gestion des ressources plus matérielles, on imagine ce qu'il en est des plus intangibles.

> La culture, c'est ce que les gens font, elle se repère dans ce qu'ils font. »

Puisque le phénomène des *start-ups* occulte parfois l'immense majorité des *grown-ups*, il est bon de reconnaître que, sans le savoir, parce qu'elles ont d'autres chats à fouetter, ces jeunes entreprises ont une

---

1. M. Thévenet, *Culture d'entreprise,* éd. PUF, « Que-Sais-Je ? », 1993.
   M. Thévenet, J.-L. Vachette, *Culture et comportement,* éd. Vuibert, 1992.

forte culture, pas encore concrétisée dans des systèmes de gestion élaborés mais diablement vivante dans l'intensité des relations et des actions, le sens des obligations réciproques de la jeune entreprise et de ses collaborateurs. Il suffit d'écouter, pour s'en convaincre, ce que disent de leur expérience de travail les embauchés ou, aujourd'hui, les licenciés de ce type d'entreprises.

La culture ne sert que si on la confronte aux problèmes concrets qui se posent à l'entreprise : problèmes de développement, de marché, de rentabilité mais aussi problème de cohésion interne pour que la résultante de l'action de tous aille dans le bon sens. »

Deuxièmement, que fait-on après avoir repéré ces grands traits de culture ? La réponse est : rien. À trop regarder sa culture, on prend le risque de Narcisse qui se mirait dans l'eau juste avant la noyade.

Les vrais problèmes des entreprises ne sont pas des problèmes de culture mais des problèmes techniques et humains. La culture ne prend du sens que dans cette confrontation, elle constitue l'équipement d'origine – mais évolutif – qui lui permet de traiter ces problèmes.

Troisièmement, il faut se servir de la culture plutôt qu'essayer de la maîtriser, de la changer, d'en créer une nouvelle comme on entend souvent. L'histoire nous a pourtant montré les effets néfastes des révolutions culturelles. Se servir de la culture veut dire deux choses. Comme le montrent O'Reilly et Pfeffer, les entreprises qui réussissent sur le long terme se sont tenues à quelques valeurs de référence simples et claires qui ont fondé avec constance leurs politiques sociales et leurs systèmes de gestion, tout au long de leur histoire. Ces valeurs n'ont en général pas beaucoup d'originalité ni de sophistication : développement des compétences, simplicité des rapports interpersonnels, droit à l'erreur, etc.

Mais chacun dans l'entreprise, dirigeants ou autres, a fait référence, avec persévérance, à ces valeurs pour traiter les problèmes humains. Combien d'entreprises aujourd'hui sont capables d'affirmer ces quelques références de base ? C'est pourtant bien nécessaire quand on devient, par exemple, une entreprise internationale qui gère à distance des milliers de personnes de par le monde... comme c'est tout aussi indispensable pour pallier le manque de structures formelles et de hiérarchies comme l'exigent les structures réduites d'aujourd'hui.

Se servir de la culture, c'est aussi renforcer les traits de culture qui paraissent bien adaptés aux problèmes que l'on rencontre. Plutôt que de supprimer les points faibles, il est toujours préférable de renforcer les points forts. Dans tous les audits de culture que j'ai personnellement conduit, j'ai toujours trouvé des valeurs qui s'avéraient particulièrement pertinentes pour traiter les problèmes du moment. Il suffisait de les renforcer, d'être encore plus ce que l'on est.

Les entreprises qui réussissent sur le long terme se sont tenues à quelques valeurs de référence simples et claires : développement des compétences, simplicité des rapports interpersonnels, droit à l'erreur, etc. »

Loin des illusions de la révolution culturelle ou de l'exacerbation des identités, se servir de cette culture, c'est puiser dans ce stock de références, de quoi élaborer des systèmes de rémunération, des modes de management ou des pratiques de gestion sociale qui ne se laissent pas uniquement séduire par les techniques du jour. Voilà un beau challenge pour ceux qui veulent mettre en place des 360°, développer l'actionnariat de leurs salariés, renforcer l'esprit de service ou fidéliser leurs collaborateurs !

Après l'effusion, les fusions

Quelle idée de parler des fusions d'entreprises, alors qu'elles sont si rares d'après les principales banques d'affaires ! Si la grande époque des fusions est derrière nous, c'est donc bien le moment d'en parler. En effet, ce n'est pas au temps de l'effusion, de l'enthousiasme des célébrations de mariage que l'on est prêt à réfléchir sur le sujet, voire écouter les quelques idées de bon sens qu'enseigne l'expérience.

En 2000, à la même époque, c'était la course à la plus grosse fusion. Ces grands changements se décident toujours pour des raisons stratégiques : il s'agit d'éliminer un concurrent, d'augmenter la taille critique, de récupérer des compétences, des marchés, etc. En matière de fusion, il n'y a de mariage que de raison. Mais, une fois admise cette nécessité stratégique, la mise en œuvre n'est (plus) qu'un problème humain, un problème de culture puisque cette dernière ne traite jamais que de ce que font les personnes.

Au moment de l'annonce de la fusion, cet impératif stratégique est si fort, si évident, si enthousiasmant que l'on peine à imaginer que tous ne marchent pas d'un seul pas vers les lendemains qui chantent de la nouvelle entité. On a envie d'aller vite, de consommer le plus rapide-ment possible les délices de la vie à deux. La communication s'affaire, de nombreux groupes de travail sont créés, des objectifs ambitieux sont solennellement arrêtés qui visent à rassurer les analystes financiers et motiver les troupes : nécessité doit souvent faire loi dans le manage-ment, du moins c'est ce que l'on rêve. Les difficultés arrivent bientôt ; tout ne va pas aussi vite que prévu, même ce que l'on croyait acquis, ou simple, s'avère plus épineux. La fusion se transforme en un chemin de croix dont on ne connaît pas le nombre de stations.

C'est alors que l'on peut revenir sur le cheminement effectué, sur les étapes et difficultés du processus de fusion, pour redresser le tir, pour aborder autrement les problèmes accumulés. Comme pour tous, les problèmes de management, les solutions ne se trouvent pas dans les techniques à mettre en œuvre mais plutôt dans le regard à porter sur les problèmes. Nous distinguerons quatre idées qui permettront peut-être aux lecteurs engagés dans des fusions, de partager différemment leur analyse de la situation et de nourrir le deuxième souffle de leurs programmes d'action.

Une fusion est toujours traumatisante. On préférerait que tout se passe bien, comme les premiers messages de la communication veulent le laisser croire mais ce n'est jamais le cas, ce ne peut pas être le cas. Il vaut mieux le savoir, prendre le problème avec réalisme et faire en sorte que cela se passe le moins mal possible.

La fusion[1] est un traumatisme, quelle que soit la manière dont on s'y prend. »

C'est un traumatisme, parce qu'une fusion est toujours un saut dans l'inconnu, une ouverture de son entreprise aux autres, à la seconde entreprise, mais aussi à tous ceux qui s'intéressent de plus en plus à ce qui se passe chez vous. C'est traumatisant parce que l'on doit travailler avec d'autres, qui n'ont pas les mêmes références. Il faut remettre en question des manières de fonctionner qui se sont toujours avérées efficaces dans le passé ; il faut aussi réfléchir, expliquer, justifier ce que l'on fait.

La fusion, ce sont de très fortes pressions qui s'exercent à plusieurs niveaux. »

Mieux encore, on tombe dans l'obligation de coopérer avec les concurrents d'hier. On est enfin traumatisé parce que son avenir personnel est incertain, comme il l'est pour tous les autres, à tous les niveaux : sera-t-on encore dans l'entreprise (comme « audit », fusion est synonyme de réduction d'emplois pour la plupart d'entre nous), quelle position y occupera-t-on, quelles postes auront les autres ?

---

1. Pour simplifier, nous parlons de « fusion » et ne distinguons pas entre les nuances d'une acquisition, d'une alliance, d'un rapprochement ou de toute autre notion qui paraît plus pertinente aux acteurs, à un moment donné.

De fortes pressions renforcent encore le traumatisme. Elles s'exercent à trois niveaux.

Les pressions viennent de l'extérieur. Les marchés et analystes financiers ont observé la fusion, ils en attendent des résultats et veulent voir rapidement les premiers effets de la fusion fièrement annoncée. Ils savent aujourd'hui que les fusions sont difficiles et n'en sont que plus impatients. Vous connaissez la lenteur des processus, mais vous imaginez combien ils apprécieront que vos résultats virent au vert un ou deux exercices avant la date prévue.

Les pressions viennent des dirigeants. La conclusion de l'accord de fusion a été difficile. On ne prend pas suffisamment en compte l'investissement intellectuel, émotionnel, personnel des dirigeants engagés dans ce genre d'opération. Le secret est roi et ils ont peu de monde auprès d'eux pour se confier ; ils jouent gros pour l'entreprise dont ils se sentent responsables et ne peuvent négliger des enjeux personnels forts en termes d'avenir, de carrière et d'image. Une fois l'accord conclu, on comprend qu'ils veuillent voir tout aller très vite. L'intendance doit suivre, les marchés n'attendent pas ! Et de demander aux services de faire avancer la fusion au pas de charge, d'arrêter les organigrammes, de mettre au carré les systèmes de gestion, etc.

Le troisième niveau de pression, ce sont les collaborateurs. Ils ont un point commun et une différence avec vous. Le point commun, c'est de se demander ce qu'ils vont devenir ; la différence, c'est d'être persuadés que vous le savez. Les personnes sont anxieuses, elles posent des questions, se font de plus en plus pressants et il n'est pas toujours facile de résister, de se résigner à l'incrédulité rencontrée par vos pétitions d'ignorance.

Quelques principes d'action

Premièrement, il faut se persuader soi-même, à défaut de le partager avec les autres, que le problème de la mise en œuvre est maintenant humain et culturel et pas seulement technique : c'est plus difficile qu'il n'y paraît.

Deuxièmement, créez des groupes de travail mais vérifiez une chose : quel est le mot important dans « groupe de travail » ? TRAVAIL évidemment. Le groupe ne résout pas les problèmes par magie. L'efficacité vient d'un travail en commun par des personnes des deux entités ; sur une tâche commune, elles peuvent confronter concrètement leur culture, développer une confiance mutuelle, une expérience commune qui sera un capital pour des tâches plus complexes.

Troisièmement, créez peu de groupes de travail. Le succès de la mise en œuvre ne se mesure pas au nombre de groupes. Qui trop embrasse mal étreint !

Quatrièmement, les missions à donner à ces groupes de travail doivent être petites, circonscrites et simples. Petites pour qu'elles soient accomplies rapidement. Simples pour être réussies.

Cinquièmement, les missions simples ont la caractéristique de faire référence à des valeurs et traits de culture communs, à des visions voisines de la situation. Par exemple, le métier est souvent un lieu de partage fort pour deux entreprises du même secteur.

Sixièmement, il faut être proactif pour faire connaître les résultats positifs obtenus, même sur des petites choses. Les succès donnent confiance ; plus vite ils surviennent, plus cela diminue l'anxiété ou l'empêche de grandir.

Il faut créer une dynamique du succès avec une succession de petites réussites. »

La logique est évidente : plus on s'est montré capable de réussir de petites choses, plus on prend confiance, plus on devient capable d'en accomplir de grandes et difficiles.

Pourquoi on ne le fait pas ? Dans l'enthousiasme de l'effusion, on est vulnérable à quelques illusions classiques dans le management.

L'illusion du héros, des travaux d'Hercule, pousse à faire d'abord les grandes choses, les plus difficiles, les plus visibles. On se frotte par exemple aux organigrammes alors qu'ils figent des positions de pouvoir, les siennes et celles de ses bien-aimés collègues. Qu'y a-t-il de plus symbolique et sensible qu'un organigramme ? Un système de rémunération peut-être… On dit souvent : mais comment imaginer fonctionner sans organigramme ? Eh bien, essayez ! Il y a tellement eu d'organigrammes établis lors de fusions qui n'étaient respectés par personne…

L'illusion du « systématisme » conduit à ne pas oser l'expérimentation, l'action-pilote. C'est particulièrement vrai quand on multiplie les chantiers, quand on mesure le succès de la mise en œuvre de la fusion au nombre de groupes de travail créés... De petites expériences réussies rapidement, communiquées, menées à un bon rythme, ont souvent plus d'effet.

L'illusion du désert des Tartares est celle de ces entités qui se morfondent sur la fusion en attendant que les autres, la direction, le siège viennent dire comment elle se passera. On est anxieux et on attend, voire on prépare les défenses. Pendant la guerre, les mères travaillent à l'équilibre et au bien-être de la famille. Tous les responsables feraient bien d'être attentifs au moral de leurs entités, c'est lui qui leur permettra de faire face aux conséquences de la fusion.

L'illusion des réponses tenaille la plupart des responsables. Les collaborateurs leur posent des questions sans cesse et doutent de leur sincérité. Il est alors tentant de répondre. N'oublions pas qu'il est possible de partager ses propres questions et incertitudes, que les questions n'appellent pas toujours des réponses mais qu'elles expriment souvent des sentiments acceptables comme tels. La discussion des premiers succès peut aussi réduire l'anxiété exprimée par les questions ; et ce n'est qu'en travaillant ensemble que l'on dépasse le traumatisme naturel à ce genre de situations.

> L'illusion de la conviction conduit à imaginer que de bonnes explications emporteront l'adhésion. »

Certains pourront se dire qu'il est trop tard dans leur cas, qu'ils auraient dû s'y prendre autrement au démarrage, qu'ils n'avaient pas toutes les cartes en main pour décider avec des dirigeants pressés. Dans ce cas, il n'y a alors plus rien à faire. On pourrait aussi décider de partager cette courte analyse, cela recréera du lien et c'est probablement ce qui manque le plus si votre démarche de fusion a été mal engagée.

Seules les intentions comptent

À une première lecture du titre, le lecteur de cette chronique pensera sans doute que je veux le consoler de l'éternelle bougie, la banale cravate, l'inutile prix Goncourt qui lui a été offert une fois de plus pour les fêtes de Noël 2001. En fait, ces périodes de fin d'année sont aussi l'occasion dans les entreprises d'annoncer aux collaborateurs les promotions et les augmentations. Autant dire que souvent (pas assez d'ailleurs) cela a été un vrai plaisir d'avoir l'impression de… faire plaisir. Dans beaucoup d'autres situations, c'est un exercice plus difficile parce que la nouvelle à annoncer n'est pas très appréciée, même si vous savez qu'elle est justifiée, normale, et même profitable pour la personne. Dire à quelqu'un qu'il n'est pas augmenté, alors que les raisons sont bonnes, ne pas renouveler un contrat, mettre en place les 35 heures, régler un conflit entre des personnes, réprimander ou exprimer des reproches, voilà des moments où « manager » n'est pas très plaisant.

L'exercice des responsabilités produit souvent le sentiment désagréable de ne pas être compris, de ne pas être approuvé, de ne pas être apprécié. Curieusement, ce sentiment demeure alors que l'on connaît toutes les techniques, tous les outils. Même les phases délicates des évaluations ou augmentations, forcément très sensibles, ont été outillées dans la gestion des ressources humaines modernes. On a appris aux personnes à communiquer, à savoir déléguer, à savoir animer des équipes, mener des relations, mais l'insatisfaction est toujours là et c'est elle qui rend le quotidien du management difficile à supporter.

Il est alors une règle à ne jamais oublier en matière de management et, plus généralement, de relations humaines : seules les intentions comptent. Les actes comptent parfois moins qu'on veut bien le dire. C'est là l'explication la plus courante des situations évoquées, plus éclairante que les éternels problèmes de communication.

En effet, chacun agit selon ses intentions, bonnes la plupart du temps. Certes, il existe des manipulateurs partout, dans toutes les corporations, dans tous les types de sociétés humaines, mais, le plus souvent, les personnes agissent avec des intentions salutaires : c'est le cas de maintes situations de management. La meilleure de ces intentions, quand il s'agit d'organiser le travail ou d'exercer le commandement, c'est le donnant-donnant : allez, chacun fait un effort et tout ira très bien... Le chef qui ferme les yeux a l'impression que cette « faiblesse » sera payée de retour ; celui qui tranche, pour finaliser le planning de congés payés, le fait généralement au moins mal des intérêts de chacun ; celui qui fixe les augmentations essaie de se tirer au mieux des contraintes de la direction financière pour respecter un minimum de justice entre tous, cette justice désincarnée que tout le monde réclame.

> « Il est une règle d'or en matière de management, de relations humaines : seules les intentions comptent. »

Mieux encore, les intentions sont si bonnes qu'il est difficile d'imaginer comment elles pourraient ne pas être perçues par l'autre. On agit donc rapidement : pourquoi les autres ne se rendraient-ils pas compte de la qualité de nos intentions ? C'est pour cela que certains responsables annoncent leur augmentation à leur collaborateur par e-mail, dans le couloir, entre deux portes, sur un post-it ! De toute façon, ils doivent être contents puisque l'augmentation est bonne, et il y a tant de travail à terminer avant les vacances de Noël... C'est pour cela aussi qu'un dirigeant, convaincu de la nécessité de devoir apporter aux familles de ses salariés une information de qualité sur la santé de l'entreprise et son avenir, décidera de leur envoyer une information circonstanciée. Il considérait que c'était le moins qu'il puisse faire et, pour être bien certain qu'ils reçoivent l'information, il la fera porter... par huissier !

Après avoir agi rapidement, tellement ses intentions sont bonnes, comment imaginer que l'autre ne les comprenne pas ? Chacun a eu ce sentiment de déception et d'incompréhension après une campagne de communication dont les destinataires comprennent mal les messages ou les critiquent. Comment imaginer que les personnes ne voient pas le risque de la concurrence, ne comprennent pas les enjeux pour l'entreprise, n'acceptent pas les bienfaits de tel ou tel changement ? Si encore on avait de mauvaises intentions, on comprendrait. Combien de personnes ont essayé de développer l'autonomie, la responsabilité des collaborateurs sans obtenir le moindre accord de la part des personnes concernées ? Combien ont essayé de développer les autres malgré eux sans être compris, ni acceptés ?

On connaît tous la déception d'offrir un cadeau qui ne plaît pas, d'essayer en vain de faire plaisir à quelqu'un, de vouloir le bien mais de ne trouver que rebuffades. Avouons que cela arrive aussi dans l'activité de management et ce, justement, parce que la déception ne peut qu'être à la hauteur de la qualité des intentions initiales.

Il n'y a que les intentions qui comptent. Cela signifie aussi que l'autre ne considère pas vos actes mais les intentions qu'il en infère. Le nouvel arrivant est impressionné par ce qu'on lui propose, il est heureux parce qu'il pense que c'est pour lui ; tel collaborateur reçoit une augmentation, mais imagine que cela doit cacher un mauvais coup de votre part. Que dire de la réaction si fréquemment observée aujourd'hui quand l'entreprise communique : cela doit sûrement cacher quelque chose ou préparer une mauvaise nouvelle... Récemment, dans un hypermarché, une caissière disait qu'elle trouvait scandaleux que son patron vienne lui dire bonjour le matin : ce n'était probablement que pour se faire mousser auprès des clients... Combien de personnes vous disent que l'avantage obtenu doit cacher une manipulation, que les bonnes relations ne peuvent être sincères dans une entreprise, que les vœux du président sont une maigre compensation à une mauvaise politique salariale.

> Les intentions que l'on croit comprendre chez l'autre résultent le plus souvent de l'expérience passée, des comportements et actions antérieurs. »

Il est clair que la mauvaise réputation de l'entreprise et du travail dans le langage courant a de multiples causes mais les pratiques de gestion du personnel ou de management y sont peut-être aussi pour quelque chose. Une histoire de restructurations, de plans sociaux ou de licenciements n'est pas faite pour laisser supposer de bonnes intentions dès que quelque chose se décide en matière sociale.

Management

Ces intentions prêtées peuvent parfois être si éloignées de vos intentions réelles ! Chacun a eu la surprise de voir un proche, un parent, un enfant, vous rappeler un de vos comportements passés qui l'avait marqué, auquel il avait attribué telle ou telle signification. Le plus souvent, non seulement vous aviez oublié, mais, plus encore, ce qui avait été perçu était totalement étranger à vos intentions. C'est ce qui se passe couramment dans les relations humaines. On n'a jamais assez d'imagination pour se représenter les intentions vues par les autres.

Cet écart entre ses propres intentions et celles qu'infèrent les autres est assez grand pour mettre en péril quelque action que ce soit. Les plus beaux outils de communication ou de management s'épuisent devant une telle différence. Certes, on attend de la technique, que ce soit celle d'un système d'informations ou d'un 360° qu'ils véhiculent l'illusion qu'un outil expert lave le quotidien de tous les procès d'intention mais c'est pure illusion.

Finalement, chacun, même dans le travail, pourrait appliquer les quelques conseils si simples qui peuvent faciliter les rapports humains. Essayez-les dans votre pratique de management, ou dans les relations hors travail, cela facilite tellement l'existence !

Premièrement, partagez vos intentions, cela ne vous enlèvera rien. Ne partez pas du principe qu'elles sont transparentes, évidentes à l'autre, c'est rarement le cas. Et le quotidien de la relation de management touche heureusement des problèmes banals, simples, sur lesquels on peut s'entraîner sans risque.

Deuxièmement, n'oubliez jamais que seuls les actes donneront du crédit à ces intentions, les actes passés, les actes à venir. Se conformer à cette règle, d'agir selon les intentions, c'est parfois même un moyen de remettre en cause ses propres intentions premières dont il apparaît alors qu'elles seront difficiles à mettre en

« La simplicité a souvent du bon, surtout dans les relations. »

œuvre... Il y a bien longtemps, nous avions écrit Dix bonnes raisons de ne jamais faire de projet d'entreprise[1] : la première raison était que, même pris par l'euphorie de l'action et de la bonne volonté, il est préférable de ne rien entreprendre que l'on ne pourra vraiment suivre.

---

1. M. Thévenet, *Audit de la Culture d'Entreprise*, Éditions d'Organisation, 1986.

© Éditions d'Organisation

40

Beaucoup d'actions de franche communication feraient mieux de ne pas s'entreprendre quand on n'est pas certain de pouvoir suivre.

Troisièmement, n'ayez pas peur de demander aux autres ce qu'ils perçoivent de vos intentions. Peut-être ne vous éclaireront-ils pas mais en omettant de le faire, vous êtes sûr que vous n'apprendrez rien…

Il est préférable de ne rien entreprendre que l'on ne pourra vraiment suivre. »

Ce sont là quelques règles de base de la vie en société.

Finalement, le management gagnerait beaucoup à être reconnu comme une activité de société normale.

Partie de campagne

Nous voici de nouveau en campagne électorale, en ce printemps 2002. C'est une de ces intenses périodes que nous offre la vie démocratique : une élection présidentielle suivie de législatives. Même si les campagnes semblent toujours se dérouler selon la même dramaturgie, une campagne reste un temps de débat, de discussion, d'invectives, de confrontation. En matière de management, il n'est pas certain que les projets électoraux soient d'une grande importance : nous aurons probablement, quel que soit le vainqueur, une grande loi emblématique de début de quinquennat qui occupera les directions d'entreprise à peine remises de la mise en place des 35 heures. Les entreprises ne seront vraisemblablement l'objet que d'un segment de discours concocté par les communicateurs, entre l'agriculture et la jeunesse, la sécurité et l'Europe.

Mais, puisque le débat électoral accapare l'essentiel du débat, on peut réfléchir à nouveau aux rapports entre ces deux domaines de la vie sociale, la politique et le management. Un État n'est pas une entreprise, les deux domaines ne peuvent pas être mélangés, pris l'un pour l'autre, critiqués avec les catégories de l'autre. Il existe pourtant de nombreuses tentations en ce sens : dans les années 1980, à l'heure de l'entreprise triomphante, d'aucuns conseillaient de gérer la France comme une entreprise ! À l'opposé, certains voudraient voir mises en œuvre, dans les entreprises, les mêmes règles de fonctionnement politique qu'il existe dans la société (on lira à ce propos quelques pages éclairantes d'un ouvrage d'entretiens de Guy Coq, *Petits pas vers la barbarie,* 2002)[1]! État ou entreprise sont des sociétés humaines, mais elles ne sont pas du même ordre et ne peuvent être confondues.

Pour finir de s'en convaincre, il suffit d'écouter quelques débats électoraux actuels. Ils sont très compréhensibles dans la sphère du politique, mais ne correspondent absolument pas à ce que devrait être un bon management.

Premier exemple, le respect des engagements. Les candidats nous disent qu'il faut respecter ses engagements électoraux. On ne peut que souscrire à ce principe fait d'honnêteté, de transparence, de confiance entre les citoyens et leurs dirigeants. Comment accepter que quelqu'un ne fasse pas ce qu'il s'est engagé à faire, que ce soit dans le domaine de la politique ou du management ? Le plus surprenant dans le débat politique, c'est que cette pétition de principe paraît parfois se suffire à elle-même. Attendez-vous d'un manager qu'il respect ses engagements ? Oui, bien entendu, mais ce n'est qu'un minimum qui ne saurait servir de programme car l'attente des autres va bien au-delà.

En effet, vous pouvez attendre d'un manager que, au-delà des engagements tenus, il assume les problèmes et traite les grandes questions et défis qui se présentent à lui, même s'ils ne figuraient pas dans les « engagements » ou les objectifs. Supposons qu'un manager n'ait pas correctement réagi face à un problème important : que diriez-vous si, pour toute défense, il vous répondait qu'il ne s'était pas engagé à le résoudre et que l'on ne peut donc rien lui reprocher ?

Ceci est apparemment moins aberrant dans le cadre de la politique. Les candidats présentent des listes de mesures à prendre, des propositions et l'on ne doute pas que l'heureux vainqueur nous tiendra régulièrement informé de la diminution progressive du stock de mesures à prendre...

Deuxième exemple, les débats auxquels vous avez échappé. Le mois dernier, la presse a publié l'information selon laquelle la France, en quelques années, aurait rejoint la queue de peloton parmi les Quinze, en termes de richesses par habitant[2]. Dans le domaine politique, une telle information peut passer presque inaperçue. On vous dit que vous

---

1. G. Coq, *Petits pas vers la barbarie,* Presses de la Renaissance, 2002.
2. D. Cohen, « Le déclin français : un mythe et une réalité », *in Le Monde,* 09/02/02.

© Éditions d'Organisation

avez reculé en termes de richesses par habitant et cela peut ne pas devenir un débat national !

Imaginons qu'une information semblable atteigne une organisation : fort recul de parts de marché, des bénéfices, des résultats de qualité. On peut penser qu'une telle évolution deviendrait le premier sujet de préoccupation : certains remettraient en question les mesures, d'autres se demanderaient pourquoi les mêmes outils n'ont pas été contestés quand ils fournissaient de meilleurs résultats ; les plus sages chercheraient à comprendre pourquoi une telle évolution, avec le même indicateur, a été possible ; d'autres, enfin, se remettraient en question.

Rien de tout cela en politique : on peut passer en queue de peloton en matière de richesses par habitant et rien ne se passe. De part et d'autre, on s'entend pour considérer qu'il est urgent de ne pas en parler. Les principes de la guerre dissuasive fonctionnent ; personne n'a intérêt à en parler par peur de se voir opposer une partie de la responsabilité. Pendant ce temps-là, les processus ayant causé ce dérapage continuent...

Troisième exemple, la découverte des problèmes. Les campagnes électorales permettent de découvrir des problèmes, de faire amende honorable pour reconnaître que l'on ne leur a peut-être pas assez accordé d'importance dans le passé. Soudainement, sondages et actualité aidant, on se rend compte que le monde existe et qu'il est urgent d'apporter des solutions à des questions que se posent les électeurs. Ainsi, la sécurité est devenue un thème important, partagé, c'est une nouveauté, par la plupart des candidats, de manière à peu près équivalente.

Là encore, que se passerait-il probablement dans une organisation où le management des connaissances existe. On ne ferait pas que s'étonner du problème, on s'interrogerait sur ses causes, sur les processus qui ont conduit à ne pas les repérer plus tôt, aux processus expliquant que l'on n'a pas agi plus tôt ou que les actions n'ont pas été aussi efficaces que prévu. Ce que le management des connaissances nous apprend, c'est que, face à un problème difficile, il ne suffit pas de se lamenter et de s'effaroucher : il faut plutôt comprendre comment on en est arrivé là, pourquoi on a été myope, inefficace, impuissant.

45

On ne peut reprocher à personne, surtout en politique, de ne pas avoir résolu tous les problèmes complexes qui se posent aux sociétés modernes. On peut seulement s'étonner de ne pas voir les acteurs concernés se livrer à l'analyse sans complaisance des processus, des modes de représentation, qui ont conduit à une situation qu'ils estiment aujourd'hui insatisfaisante.

Rassurons-nous, il reste de nombreux domaines où la thèse de la différence entre le politique et le « managérial » trouve ses limites. À voir le fonctionnement des entreprises et de la société française, il leur reste quelques points communs.

Le premier de ces points communs concerne le lien social. Toute société humaine aurait besoin d'un lien social suffisamment fort, vécu sinon connu pour fonctionner. Tant en politique qu'en management, on a tendance à faire l'économie de ce principe de base. Bien entendu, tout irait mieux si l'on pouvait s'en passer mais l'histoire et la sociologie nous montrent que c'est une illusion. Notre société a bien du mal à affirmer ce que peut être ce lien social. On est plus dans l'affirmation des différences que dans la reconnaissance des liens qui unissent, on s'identifie par différence et pas par ressemblance avec la totalité de la société.

> « Toute société humaine aurait besoin d'un lien social suffisamment fort, vécu sinon connu pour fonctionner. Le management a tendance à oublier ce principe de base. »

On rencontre à peu près le même problème dans les entreprises où d'aucuns rêvent de contrats de travail et de processus de travail qui feraient office de lien entre les personnes. On croit pouvoir restructurer, changer, recomposer comme si les personnes n'étaient que les pièces d'un immense puzzle qu'il suffit de mettre à la bonne place. À observer tranquillement les entreprises, on redécouvre pourtant que les personnes existent, que les relations sont la part principale de leur expérience de travail, que le lien social n'existant pas, c'est ce besoin de cohérence ou d'ordre qu'ils ne peuvent plus satisfaire dans leur vie professionnelle. Comment s'étonner alors de ces comportements fuyants qui ne permettent pas aux organisations de remplir correctement leurs missions. Il ne suffit pas d'être une entreprise pour rencontrer ce genre de problèmes...

Le second point commun concerne la vision à long terme. Autant dire que la campagne électorale nous apporte pour l'instant peu de perspectives sur l'avenir de notre société. On préfère le discours négatif sur ce qu'il faut éviter, rejeter, remettre en question. On affirme avec véhémence ce contre quoi il faut lutter mais pas ce pour quoi il faut agir.

« La vision à long terme n'est pas plus facile pour les entreprises que pour les Etats. Le poids du quotidien est si fort. »

Les entreprises sont souvent dans la même perspective. Quand on demande les quelques grandes références, lignes de force qui structurent l'ensemble d'une action, il n'est pas facile d'obtenir des réponses.

Finalement, ce sont les mêmes personnes qui agissent dans l'un ou l'autre contexte, avec les mêmes faiblesses, les mêmes actes visionnaires parfois aussi. On ferait bien d'avoir l'humilité de s'en souvenir avant d'avoir des jugements trop rapides et trop injustes tant sur la politique que sur le fonctionnement des organisations.

Le travail : une valeur revisitée

La valeur travail serait-elle de retour ? De façon tout à fait nouvelle, les principaux candidats à l'élection présidentielle du printemps 2002 ont insisté sur ce nécessaire retour. Cela n'engage à rien mais c'est tout de même un signe. Évidemment, il n'avait pas échappé au bon sens que le travail pouvait être nécessaire et utile, qu'il pouvait contribuer au développement de la personne, procurer de la satisfaction et même du plaisir. Pourtant, ce sont plutôt ses effets pervers, ses ratés, ses scories qui faisaient la une comme si le travail était fondamentalement mauvais. On a même dit que travailler moins était un progrès social : comment fallait-il le comprendre ? Il est impossible de nier que le travail peut être un lieu de souffrance, de harcèlement, de violence et de perversion mais quelle activité humaine échappe-t-elle à ces risques ?

Si le discours politique de tout bord revient sur la valeur travail, on ne saurait douter que les hommes politiques ont des idées pour agir, légiférer, allouer des budgets à cette fin. Toutefois, il n'est pas inutile de s'interroger sur ce que cette valeur travail peut signifier aujourd'hui. À écouter l'expérience de travail du quotidien, on se rend compte que travailler veut dire quelque chose de différent pour chacun. Il y a peu de rapport entre le sens du travail pour un jeune qui démarre avec ou sans qualification, le parent en milieu de carrière, l'ingénieur tiraillé entre les sollicitations de sa famille et de sa carrière, le jeune cinquantenaire qui s'interroge sur la qualité de ses années de travail restantes ou sur le niveau de vie de sa future longue retraite.

Le mieux est donc d'interroger ceux qui, à un moment ou l'autre de leur carrière, ont ressenti ce fort engagement dans leur activité, cette implication dans le travail. C'est ce que nous avons fait auprès de 1 787 hommes et femmes, de toutes générations, de tous secteurs d'activité et de tous niveaux hiérarchiques. Les questions étaient simples et ouvertes : quand vous étiez très impliqué dans votre travail, que ressentiez-vous ?

L'exercice est intéressant. En effet, il est toujours à craindre que des notions de valeur travail, d'implication ou d'engagement soient claires pour tout le monde mais qu'elles n'aient pas la même signification pour chacun. On peut alors éviter le discours académique sur le concept qui a l'inconvénient de ne créer de certitude que pour les rares lecteurs et interroger plutôt l'expérience sensible des personnes : que peut-on bien ressentir quand on se trouve très impliqué dans son « boulot » ? Bien entendu, ce détour par le sensible n'a de sens que s'il est confronté au sensible des autres, à l'expérience d'autres travailleurs : on peut alors trouver les pistes d'une notion peut-être plus « universelle » qu'il y paraissait de premier abord.

Ce sont des questions ouvertes auxquelles les 1 787 répondants avaient toute liberté de donner leur sentiment. Malgré cela, quelques tendances fortes apparaissent dans leurs réponses.

Pour 46 % des répondants, l'implication dans le travail évoque du concret. Ils parlent de sentiment d'utilité, ils voyaient à quoi ils contribuaient, avaient une idée claire de ce qu'ils faisaient, de leurs objectifs ou de leur projet. Jamais personne n'a indiqué qu'ils ressentaient cette intense proximité entre leurs valeurs profondes et celles de l'entreprise à laquelle ils adhéraient. Le discours éthéré n'est pas de mise quand les personnes parlent de leur implication dans le travail.

> Pour beaucoup de salariés, l'implication dans le travail évoque du concret. »

Pour 45 % des répondants, l'implication dans le travail, c'est le plaisir : satisfaction, joie, bonheur, bien-être, épanouissement déclinent cette dimension. Le plaisir de travailler… Deux idées importantes doivent être rappelées à propos du plaisir au travail. Premièrement, il n'est pas toujours facile d'imaginer le plaisir qu'un autre peut trouver dans ce qu'il fait. Chacun sait à peu près ce qu'il aime et n'aime pas dans son travail, mais quand à comprendre l'expérience de l'autre… Pourtant, l'écoute de ceux qui travaillent révèle les surprises sur ce que chacun trouve et investit dans ce qu'il fait. Il faudrait d'ailleurs se garder de toute naïveté et condescendance. Le plaisir au travail, c'est celui d'une personne, à un moment donné. Le plaisir au travail, c'est aussi quelque chose qui ne remplit pas totalement son existence mais quelle forme de plaisir le fait-elle ?

> L'implication dans le travail est associée au plaisir, à l'investissement personnel. »

Deuxièmement, on s'aperçoit que la cause de ce plaisir provient moins des conditions de travail que d'une histoire personnelle qui explique ce que la personne investit d'elle-même dans son activité professionnelle. Les directions des ressources humaines devraient bien relativiser les objectifs de leur action et être plus attentives à ces expériences personnelles que l'on a du mal à reconnaître.

De manière plus surprenante, 35 % des répondants se rappellent le stress, l'excitation, la peur, voire l'anxiété. Ils avaient peur de ne pas être à la hauteur, ils étaient fatigués, ressentaient l'urgence, la pression. L'excitation du succès n'avait d'égale en intensité que la peur de l'échec. Ainsi, le plaisir ne suffit pas à décrire les sentiments liés à l'implication dans le travail.

Nous avons coutume d'être interrogés à tout propos sur notre niveau de satisfaction : au restaurant, au supermarché, en vacances, tout le temps, on nous demande si nous sommes heureux. Il y a même eu un sondage, le 2 janvier 2002, sur le niveau de satisfaction des Français vis-à-vis de l'euro… Dans le travail aussi, les baromètres de satisfaction se sont généralisés. On en arriverait ainsi à considérer que la satisfaction est l'unique dimension permettant de décrire la richesse et l'intensité de ce que l'on vit. Il n'est qu'à regarder vos activités familiales : ce n'est pas toujours satisfaisant, mais cela n'enlève rien à l'authenticité de votre amour, à votre sens des responsabilités vis-à-vis de la famille, à ce fort attachement que rien ne pourrait éliminer.

Enfin, 29 % des répondants avouent qu'ils se sentaient fiers. Ils parlent de reconnaissance, de valorisation de soi, de ces moments où l'on se sent important. La fierté est ce sentiment curieux qui survient quand la réalité vous renvoie l'image idéale que vous avez de vous-même. Elle ne concerne pas seulement les grandes notions d'amour, justice, courage et honnêteté qui ornent les monuments aux morts.

Concret, plaisir, tension et fierté sont les thèmes qui reviennent le plus fréquemment quand les personnes se remémorent le temps où elles étaient impliquées dans leur travail. On peut donc se demander ce qu'il faut en tirer pour agir en attendant qu'un vaste et ambitieux programme législatif mette en musique les promesses électorales.

La fierté du quotidien, ce sont ces courts moments où l'on se sent un peu plus soi-même : on n'a pas toujours besoin des autres pour se reconnaître... »

La première chose à faire est sans doute le déplacement du regard sur le travail de l'autre. Laissons aux sociologues le soin de nous décrire les évolutions DU travail. Dans nos organisations et situations de travail cherchons plutôt à écouter ce que la personne investit dans ce qu'elle fait. On peut même partir de l'hypothèse qu'il n'est pas certain qu'elle n'y trouve pas plus que dans la multiplicité des loisirs marchands et organisés qui lui sont proposés et qui mériteraient, après l'entreprise et le travail, une bonne critique de la part des faiseurs d'opinion.

Ce déplacement du regard reconnaissant à chacun son projet changerait sans doute, en le nuançant, le discours complaisamment entretenu sur les affres du travail. Il aiderait peut-être à mieux parler du travail, de façon plus raisonnable ; il conduirait enfin beaucoup d'entre nous à sortir de la schizophrénie qui consiste à voir dans la diminution du temps de travail un progrès social alors que l'on pousse en permanence ses propres enfants à travailler plus...

Le deuxième déplacement consisterait à se demander de quoi les collègues, les collaborateurs peuvent être fiers après leur travail. Imaginer ce qu'ils peuvent conserver à dire le soir, en rentrant à la maison. C'est un exercice intéressant : on peut le faire à la maison en pensant à la baby-sitter et à ce qu'elle peut retirer d'avoir travaillé à garder vos enfants. On ne devrait d'ailleurs jamais rien dire sur les problèmes de gestion du personnel et de management dans les entreprises ou les administrations avant d'avoir sincèrement et lucidement interrogé ses propres rapports avec la (le) baby-sitter ou le personnel de ménage : cela éviterait beaucoup de discours aussi rapides qu'illusoires sur ce que les autres devraient faire en matière de relations humaines...

Le troisième déplacement consisterait à ne plus céder aussi rapidement aux facilités de la pensée unique sur le travail pervers. De la même manière que tous les hommes se rappelaient leurs frasques (réelles ou imaginaires) de service militaire, il est de bon ton de mettre en valeur sa souffrance vécue au travail, son harcèlement plus violent que celui du voisin. Quel dommage que seuls les sportifs disent « s'exprimer » dans ce qu'ils font, en sautant à la perche, en poussant un ballon ou en surfant sur une planche à roulettes…

Dans l'attente de grandes mesures sur la « revalorisation » du travail, chacun, à son niveau, peut reconnaître cette valeur, chez soi et chez les autres, et s'exercer à l'entretenir et la développer. C'est sans doute ce type d'action qui produira le plus d'effet, quand le plus grand nombre aura eu la chance de rencontrer celui qui leur aura donné ce goût, en toute lucidité, sans illusion aucune.

L'entreprise responsable

Il faut désormais penser en termes de développement durable. Toutes les grandes institutions et forums internationaux en ont fait un thème majeur de leur réflexion prospective sur l'avenir de la planète et de nos modes de vie. Quand le développement devient durable ce n'est plus l'optimisme d'un avenir plus souriant qui est en jeu mais le souci de la préservation des conditions de vie des générations futures. L'environnement en est bien évidemment le plus bel exemple quand un été non conforme aux images retouchées des offices du tourisme nous conduit à interroger l'effet de serre et le réchauffement de la planète.

Mais il est bien évident que cette novation de la prise en compte des générations futures ne concerne pas que le climat. Il s'agit des effets à long terme des modes de consommation, des styles de vie et de loisirs, de l'urbanisme ou de l'aménagement du territoire. Bien entendu, à chaque point focal d'un problème de développement durable se retrouvent les producteurs de biens et de services et donc les entreprises. Très rapidement, celles-ci sont mises en cause pour leur fonctionnement et leur rôle mêmes.

Ainsi, un thème se met à émerger de nouveau, celui de la responsabilité sociale des entreprises. On connaissait de nombreuses obligations qui pesaient sur elles, mais il s'agit maintenant d'examiner jusqu'où leur responsabilité peut être engagée. L'histoire nous avait déjà présenté quelques cas célèbres comme celui de Nestlé dans le tiers-monde quand l'entreprise était accusée de « tuer les bébés » parce que ses produits, largement diffusés dans les pays en voie de développement, étaient le plus souvent utilisés dans des conditions sanitaires inappropriées. On se posa alors le problème de l'information nécessaire des consommateurs sur l'utilisation des produits qui leur étaient vendus. On connaît également les cas classiques des catastrophes environnementales causées par l'activité des entreprises (Bhopal), mais de nouvelles situations surviennent comme celles de l'amiante, voire la vente de cigarettes. Les vendeurs de hamburgers sont même attaqués pour avoir vendu de la nourriture à l'origine de l'obésité et de divers troubles sur la santé... La responsabilité des entreprises serait donc engagée vis-à-vis des consommateurs même quand l'information existait, vis-à-vis des salariés, du fait des conditions physiques et psychiques du travail à moyen et long terme, vis-à-vis de l'environnement immédiat des entreprises (même quand les entreprises se sont établies dans des lieux peu peuplés lors de leur installation : AZF). La manière dont l'entreprise traite ses salariés est également sujette à de fortes évolutions parallèles aux besoins de la société civile, en matière d'intégration, de non-discrimination, de développement des personnes (le cas des handicapés, bientôt le cas des jeunes, des seniors trop nombreux dans la société future, etc.), de prévention du harcèlement. Les dernières années ont montré que des événements tragiques de la vie économique faisaient aussitôt évoluer le contexte législatif de la vie économique (*cf.* la loi sur la modernisation sociale). C'est ce qui permet à certains de dire que l'entreprise peut rapidement devenir une société à responsabilité illimitée[1]... On lui demande d'être créatrice d'emplois et de valeur, préparatrice d'avenir, contribuable et citoyenne... beaucoup de rôles qu'il n'est pas toujours aisé d'assumer !

Derrière ces mouvements de fond, on retrouve l'idée qu'il devrait exister une sorte d'éthique universelle permettant à ce monde de fonctionner convenablement tout en garantissant aux générations futures d'en faire autant. Le développement durable devrait créer (c'est le plus souvent une affirmation) du développement économique et du bonheur universel ; les acteurs, les entreprises en particulier, devraient tous s'accorder à œuvrer en cohérence avec cette morale universelle du développement durable...

---

1. J. Igalens, M. Joras, *La responsabilité sociale de l'entreprise*, Éditions d'Organisation, 2002.

Certes, le concept de responsabilité sociale est nouveau puisque des sociétés de *rating* concurrentes sont prêtes à la mesurer et puisque l'opinion publique faite de consommateurs accuse les entreprises, les producteurs, dès qu'un problème se pose mais qu'y a-t-il de si nouveau au juste ? On a depuis longtemps interpellé la responsabilité des entreprises, on a depuis longtemps affirmé les relations harmonieuses de l'économique et du social, de là à penser qu'entre l'économique et le sociétal, tout devrait aller pour le mieux il n'y a qu'un pas.

Au rayon des nouveautés, on peut tout d'abord citer le caractère grandissant de la pression exercée sur l'entreprise. Jusqu'à maintenant, l'entreprise avait été habituée à la pression de ses parties prenantes (salariés, clients, actionnaires) qui exigeaient d'elle la réalisation d'une sorte de contrat. Maintenant, il s'agit de la société civile, notion relativement informe, mais qui s'exprime par le biais de sondages et d'interventions de ses représentants auto-proclamés, sans parler des médias qui reflètent assez bien – certains diront qu'ils la créent – l'émotion régnante dans une population.

> Alors que dans les années 1980, l'entreprise était perçue comme la solution à tous les problèmes, on en viendrait facilement aujourd'hui à la trouver coupable de tous les maux. »

Cette pression est d'autant plus importante que l'entreprise n'a pas bonne presse aujourd'hui. C'est là en effet la nouveauté de ce mouvement sur la responsabilité sociale de l'entreprise : il est difficile d'avoir une idée de ce qui n'en relève pas. Conditions de travail avec leurs conséquences physiques et psychiques à court ou long terme, effets de l'activité sur les clients, le voisinage, les collectivités territoriales ou la société, l'entreprise entre dans le genre de situation qu'elle exècre, l'imprévisibilité.

Par contre, ce qui n'est pas nouveau, ce sont les mécanismes publics qui se mettent en place. Ils concernent l'extrême sensibilité des pouvoirs publics à l'état « émotionnel de l'opinion publique ». La loi sur la modernisation sociale (2002), ou les amendements Michelin et Danone en sont les plus beaux exemples. Mieux encore, la récente loi sur les régulations économiques a imposé un nouveau rapport, sur la responsabilité sociale de l'entreprise que le Conseil d'administration devra présenter à l'assemblée générale. Ce rapport contient un certain nombre de thèmes mais pas d'indicateurs dans des domaines aussi variés que l'évolution des effectifs, les prévisions de plans sociaux, les conditions de travail, conditions d'hygiène et sécurité, etc. Au grave problème de la responsabilité sociale, il a donc été donné, jusqu'à présent, la même réponse traditionnelle, que nous connaissions déjà à propos du bilan social ou du rapport sur l'égalité professionnelle entre femmes et hommes : celui d'un mécanisme qui se veut incitatif et créateur de dialogue et de débat sur les questions de responsabilité sociale.

S'il pèse sur l'entreprise des risques pas toujours prévisibles et si les mesures proposées par les autorités ou les penseurs de la responsabilité sociale se traduisent par les références à une vague éthique universelle et à l'écriture de rapports, il convient sans doute d'imaginer ce que pourrait être pour l'entreprise une manière de prendre le problème.

Une première façon de s'y prendre consiste à suivre de manière réactive, et plus ou moins disciplinée, le flot des mesures réglementaires et législatives prises par les autorités. Nombreux sont ceux qui se sont épuisés à comprendre et maîtriser la loi sur la « modernisation sociale ». Nombreux seront ceux qui travailleront à la rédaction de rapports sur la responsabilité sociale pour les conseils d'administration.

Une seconde façon pourrait être plus proactive, considérant qu'il est possible, voire utile d'anticiper les chocs de ce mouvement de fond. Il faut alors s'interroger sur ce que de telles notions peuvent signifier pour les comportements dans l'entreprise au-delà du respect des règlements. La référence à une éthique universelle à laquelle devrait se rallier l'entreprise n'est pas une démarche très concrète. Elle procède même d'une certaine naïveté quant à la réalité des comportements humains dans l'entreprise. Dans le vague de la responsabilité sociale, l'entreprise pourrait par exemple choisir la voie de l'exemplarité, une exemplarité collective dans une approche cohérente de son rôle, mais aussi une exemplarité individuelle parce que les organisations, *in fine*, n'existent pas, il n'y a que des personnes.

On dit que l'entreprise devrait fonctionner selon les valeurs ressortissant à une éthique universelle, c'est peut-être vrai ; mais ce que les entreprises devraient surtout penser à faire, c'est connaître et renforcer les quelques valeurs fortes sur lesquelles, comme toute société humaine, elles se sont développées. Une meilleure prise en compte de leurs valeurs serait nécessaire avant d'inventer on ne sait trop quelle conversion collective. Face à des situations imprévisibles pouvant mettre en cause leur responsabilité, les entreprises pourraient s'assurer que la cohérence est bien toujours établie entre ces valeurs adaptées aux situations économiques, les systèmes et stratégies mis en œuvre et les comportements de chacun. À trop vouloir rêver de sociétés techniciennes qui fonctionnent comme dans les livres, on en oublie que les entreprises ont besoin de fonctionner en cohérence avec leurs valeurs avant d'en imiter d'autres et pour mieux réagir aux problèmes qui se posent à elles. C'est le seul moyen d'être exemplaire et de faire face aux situations difficiles. On parle trop de la responsabilité sociale de l'entreprise et pas assez des cas où les entreprises sont capables ou non de faire face à ces problèmes. On se rendrait compte alors que ce sont ces entreprises fortes qui résistent le mieux à l'accident ou qui parviennent le mieux à les éviter.

> L'exemplarité de l'entreprise n'est que le résultat de comportements individuels. »

Les grandes questions de sa responsabilité sociale mettent au grand jour la schizophrénie de la plupart d'entre nous, à la fois producteurs, citoyens, consommateurs voire actionnaires : on a tout autant de mal à supporter les délocalisations que les prix élevés de produits de consommation courante... On a tant de mal à supporter les malversations alors que la plupart, à son niveau, développent, tolèrent, profitent, alimentent toutes les combines possibles...

L'un des problèmes majeurs que va poser la RSE est donc celui des comportements individuels : comment s'assurer que chacun à son poste puisse se comporter au mieux des soucis d'exemplarité de l'entreprise dans son ensemble ? En effet, la responsabilité sociale de l'entreprise ne va pas uniquement ni forcément tenir à quelques grandes décisions stratégiques, à la qualité de systèmes bureaucratiques toujours plus sophistiqués, mais avant tout à la manière dont chacun dans l'entreprise utilisera sa marge de liberté. L'exemplarité de l'entreprise va commencer par le traitement des problèmes de délinquance au sein même des entreprises : vaste chantier dans lequel l'entreprise, une fois de plus, s'apercevra, *volens nolens*, qu'elle doit s'interroger sur les comportements individuels en son sein.

Le sérieux et l'important

Dans une interview très intéressante, sir Adrian Cadbury, ancien président pendant 24 ans de Cadbury-Schweppes et actuel chancelier de l'Université d'Aston en Grande-Bretagne, répond aux questions de *BizEd* sur les évolutions des affaires et de leur enseignement[1]. Alors que l'interviewer ne cesse de le questionner sur la « *corporate governance* », les contenus d'enseignement et les pratiques à développer tant dans la vie des affaires que dans l'enseignement pour aborder ce problème fondamental, sir Cadbury revient inévitablement aux aspects humains auxquels conduit, selon lui, toute réflexion sur les comportements discutables, largement dénoncés aujourd'hui. Alors que le journaliste s'évertue à demander au sage quelles solutions miracle pourraient enrayer ces évolutions fâcheuses, l'expert ne cesse de revenir aux problèmes de comportements, d'ouverture et de développement des personnes. En fait, à toutes les interrogations sur ce qui est sérieux, le sage répond sur ce qui est important.

En matière de management, il existe bien en effet les domaines sérieux et les importants. Et il n'est pas difficile de vérifier que nos organisations efficaces sont surtout concernées par les premiers sans imaginer que le sérieux ne suffise à épuiser ce qui est important.

Les sujets sérieux, dans l'organigramme d'une entreprise ou un programme de formation, ce sont le marketing et la finance, la stratégie

---

1. Interview de sir Adrian Cadbury par Christy Chapman, *BizEd*, sept-oct 2002, p.-p. 20-25.

ou la logistique, la comptabilité ou les achats. Ces domaines ont énormément évolué durant les vingt dernières années au point que l'étudiant d'alors ne reconnaîtrait rien aux manuels utilisés par ses cadets d'aujourd'hui. Les domaines se sont technicisé, complexifié, modélisé, instrumenté. Ils sont devenus difficiles d'accès direct, nécessitant un bagage conceptuel ou conventionnel, une véritable marche d'approche comme les plus hauts sommets. Mieux encore, les évolutions se poursuivent et le technicien du management n'a jamais fini de se mettre à jour, n'a jamais terminé l'apprentissage du glossaire.

Le béotien reste béat devant tant de science, le responsable de formation est certain de son effet si les participants d'un séminaire « *corporate* » transpirent devant des contenus hermétiques dont aucun n'osera alors contester la nécessité. Le sérieux impressionne, le sérieux séduit, il éblouit, il aveugle parfois.

Heureusement, le *benchmark* permet de se rassurer : le non-sérieux existe dans les problèmes d'entreprise, les problématiques du management ou les contenus de formation. On se demanderait même si tous les domaines sérieux n'ont pas pour seul but de mettre en valeur leur contraire.

Le non-sérieux concerne ce que tout le monde sait déjà, ces banalités sans intérêt puisque répétées, ces notions inconsistantes puisqu'invariables. Elles survivent à la bulle Internet, à son éclatement, aux chutes brutales des cours de Bourse ou des Présidents imprudents. Le non-sérieux, c'est ce que l'on croit apprendre, sans jamais en voir les fruits, comme si les problèmes demeuraient éternellement. Le non-sérieux, c'est ce que l'on cite pour mémoire dans un programme de formation, ce sur quoi on ajuste finalement le budget pour conclure l'action.

« Le non-sérieux, c'est ce qui n'utilise pas de formules compliquées, ce qui paraît aisé d'accès, comme des tableaux apparemment naïfs. »

Parmi ces sujets non sérieux, le principal est sans doute celui des aspects humains du fonctionnement et de la vie de nos organisations. Il n'est pas du tout sérieux, il est important. Il est important parce que les aspects humains sont centraux, parce que de tout temps on y rencontre les plus grandes difficultés. En effet, c'est dans ce domaine qu'il faudrait légitimement apprendre le plus.

Sir Adrian Cadbury conseille aux apprentis managers de consacrer beaucoup d'énergie et d'effort à bien maîtriser les techniques qui contribuent à dominer les aspects fonctionnels du management. Mais il leur indique que les problèmes humains sont transversaux. Ils ne concernent pas que les spécialistes des ressources humaines mais toutes les fonctions. Mieux, les meilleures techniques, les décisions les plus créatives et intelligentes ne sont-elles pas toujours prises par des personnes, dans l'espoir d'influencer le comportement d'autres personnes.

Pour se convaincre de l'importance de ces aspects humains, il suffit d'écouter les difficultés exprimées sans cesse sur le terrain. Pour ne citer que deux ou trois exemples repérés récemment dans des entreprises. La première se trouve dans l'agro-alimentaire ; elle a un réseau de distribution propre. Après quelques années de forte croissance, comment faire en sorte que les vendeurs soient aimables avec les clients ? Comment faire en sorte que les responsables de magasin sortent de leur bureau pour être présents sur le terrain ?

Dans un service public, où l'on a mis en place un management de proximité, les agents se moquent de ce rôle creux qu'occupent de jeunes collègues sans la crédibilité du terrain et ces derniers ne peuvent donc apporter le « relationnel » dont tous les audits sociaux avaient montré la nécessité. Un dernier exemple dans les services financiers : avec des salariés venant de différentes entreprises, comment faire en sorte que les bons résultats d'une entreprise enfin hors de danger, ne soient remis en cause par des luttes de clan qui rendent impossible tout esprit d'équipe ?

J'espère que le lecteur se sera réellement ennuyé à lire ces problèmes, qu'il a déjà rencontrés lui-même de nombreuses fois. C'est bien là le problème. On peut avoir deux attitudes vis-à-vis de la répétition : la première est de n'y plus prêter attention comme on fait vis-à-vis des anciens rabâcheurs ; la seconde, c'est de se mettre enfin à s'occuper de ce qui est essentiel puisque le problème se dresse toujours sur le chemin.

Les aspects humains du fonctionnement de nos organisations sont si importants qu'on devrait leur consacrer plus d'efforts pour toujours apprendre. Deux freins majeurs apparaissent alors. Le premier, c'est de croire tout savoir : puisque les problèmes sont répétitifs, on pense donc les connaître ; puisque l'on comprend ce qui se passe, tout serait donc gagné ; puisque l'on a des convictions, on imagine que le plus dur est de faire. Pourtant, il existe en matière humaine un fossé immense entre la compréhension et l'action ; il suffit de regarder ses relations personnelles ou les conflits sociaux : tant de psychologues et de sociologues vous aident à comprendre, si peu à savoir quoi faire... Quant aux convictions, elles sont légitimes et nécessaires, mais les problèmes humains sont aussi une question de compétences.

Deuxièmement, force est de constater que tout le système de formation, première ou continue, sur le tas ou en classe a assez bien réussi à diffuser tout ce qui est sérieux. La permanence des problèmes et des interrogations en matière humaine laisse penser qu'il n'en est pas de même pour ce qui est important. La logique voudrait que l'on renforce tous les programmes, les curriculums, les journées de formation. C'est sans doute bienvenu, mais il ne faudrait pas tomber dans la solution facile consistant à dire que plus de moyens créent forcément un meilleur service. Il existe d'autres pistes de réflexion qui pourraient aider.

La première consiste à reconnaître que la difficulté de prise en compte des problèmes humains n'est pas une découverte du management : même avant l'entreprise, les problèmes humains existaient déjà et nos semblables s'évertuaient à faire fonctionner des groupes, des institutions, des sociétés en slalomant entre le meilleur et le pire des choses humaines. Finalement, il ne serait pas inutile qu'un brin de modestie nous conduise à interroger les traditions qui souvent étaient moins naïves et plus élaborées que ce que l'on dit généralement des personnes dans la description des processus de changement.

La seconde consiste à s'interroger sur la qualité plutôt que la quantité de l'enseignement dans le domaine. Certes, nous sommes à l'heure de l'apprentissage à distance qui tient miraculeusement éloigné l'élève de son professeur avec la satisfaction de se sentir moderne. Certes nous sommes à l'époque où l'enseignement est si valorisé qu'il faut aider les personnes à y échapper, avec des processus de validation des acquis, par exemple. On pourrait tout aussi bien imaginer des situations d'apprentissage plus valorisantes : celles qui donneraient envie de faire, ouvriraient des champs que l'on n'avait même pas imaginés, déséquilibreraient pour mieux avancer. Cela tient à un mode d'enseignement, un accompagnement dans la découverte progressive de ce que l'on ne soupçonne plus dans les problèmes humains à force de s'être persuadé que l'on savait déjà tout.

Décidément, ces domaines importants n'ont rien à voir avec ce qui est sérieux : avec eux il ne faut rien découvrir de nouveau il faut approfondir, il ne faut pas espérer trouver des solutions nouvelles mais pratiquer avec constance et persévérance la capacité de chacun à mieux être avec les autres. Le vrai risque de ce domaine des problèmes humains dans les entreprises, c'est donc bien d'être considérés un jour comme sérieux. Certes, tout porte à croire que le risque est faible.

Partie II

Gestion des personnes

Fidélisation et « chouchoutage »

Si le thème de la fidélité se trouvait régulièrement en couverture des magazines, c'était plutôt dans les journaux féminins. Aujourd'hui, ce sujet, tout comme celui du recrutement, revient régulièrement au premier rang des problèmes des gestionnaires du personnel qui cherchent à conserver et fidéliser les « talents » (pourquoi ne pas dire des personnes, tout simplement) que l'on a eu tellement de mal à attirer dans l'entreprise.

L'équilibre du pouvoir semble devoir, sur certains marchés, régulièrement se renverser entre les salariés et l'entreprise quand le marché du travail évolue de quelques points de pourcentage. Toutes les capacités de séduction devraient alors être développées par les gestionnaires du personnel.

Le turnover n'est pourtant pas un mal absolu. Les entreprises, comme n'importe quel corps social ont besoin de « respirer », d'avoir régulièrement des personnes qui entrent et sortent. Nombreux sont les cas où le renouvellement est un véritable besoin, par exemple quand de longues carrières ne sont pas possibles pour des raisons physiques par exemple. Le problème devient préoccupant quand les sorties deviennent trop nombreuses et qu'il est difficile de recruter : on avait bien appris à licencier, à faire du « *downsizing* », à dire aux personnes que leur avenir était dehors ; on avait même développé « l'employabilité » pour donner aux personnes la capacité d'aller travailler ailleurs...

Un changement aussi brutal de préoccupations pour la gestion du personnel serait surprenant : on n'avait certes pas prévu ces évolu-

> « Fidéliser des personnes, c'est les inciter à rester, rentabiliser l'investissement du recrutement, créer les conditions pour que les salariés ne se laissent pas charmer par les sirènes si nombreuses de nos jours sur le marché du travail. »

tions brutales du contexte économique, mais les renversements démographiques étaient inscrits dans les statistiques depuis longtemps. Le sujet même du turnover et de ses déterminants est largement étudié dans la littérature depuis des décennies. Les Anglo-Saxons lui ont consacré de très nombreuses recherches sans résultats saillants d'ailleurs mais avec le fort souci d'y voir une conséquence de l'insatisfaction au travail. Cet intérêt des chercheurs était sans doute lié à une plus grande fluidité du marché du travail aux États-Unis, mais aussi au fait qu'en matière de comportements au travail, outre l'absentéisme, il y a trop peu de choses que l'on sache mesurer.

Pourquoi n'y a-t-il pas de fidélité ? La première raison qui vient à l'esprit est évidemment la reprise du marché de l'emploi. C'est aussi un problème d'offre, puisque les entreprises, dans de nombreuses régions françaises et pour les compétences les plus diverses, ne parviennent pas à recruter. Le problème du bâtiment est assez connu pour ne pas avoir continué de former durant les périodes de vaches maigres les professionnels que la reprise de la construction rend aussi indispensables aujourd'hui ; quant à cette région frontalière, les crises de l'industrie lourde et la proximité de l'Allemagne ont fait fuir les personnes « embauchables »…

Mais les entreprises, collectivement, sont aussi responsables : les politiques de « stop and go » en matière de recrutement, de formation et de développement des personnes qui ne voient dans les ressources humaines que des charges et donc une variable d'ajustement des crises passagères, ont conduit à de profonds déséquilibres d'emploi interne quantitatifs mais surtout qualitatifs puisque les compétences mettent du temps à s'acquérir.

D'aucuns pensent que les mentalités des nouveaux salariés expliquent aussi le manque de fidélisation : échaudés par le manque de fidélité des entreprises à leur égard en période de crise, tentés par le mouvement et la mobilité, sensibles à une herbe toujours plus verte à côté, ils seraient devenus mercenaires, mais nous reviendrons sur ce phénomène dans une prochaine chronique.

© Éditions d'Organisation

Quoi qu'il en soit, les entreprises se doivent d'agir et de mettre tout en œuvre pour retenir leur personnel. Le premier moyen, c'est d'augmenter les salaires, de raisonner en termes de prix de marché en oubliant les politiques de rémunération si minutieusement élaborées : même certaines entreprises publiques aux pyramides des âges déséquilibrées sont poussées à faire de la surenchère pour attirer et garder des personnes qualifiées. Les chantres du marché y verront là un juste retour des choses ; c'est pourtant plus difficile à admettre en interne quand les cadres confirmés ne trouvent pas très juste de voir leurs jeunes benjamins être payés autant qu'eux après plusieurs années d'expérience.

Une autre mode a vu le jour, celle du « chouchoutage », comme le conseillent de nombreux observateurs des politiques de personnel.

Les grands cabinets de conseil ont montré la voie en développant des conciergeries à l'intérieur des entreprises dont les missions sont les plus diverses : c'est commander des fleurs pour un événement personnel, aller chercher un enfant à l'école, réserver des titres de transport personnels, etc. Des crèches sont organisées par l'entreprise pour répondre aux besoins des jeunes professionnels qui gèrent à l'optimum leur vie au et hors travail. Quant à l'épanouissement personnel, on en tient compte en mettant à la disposition des salariés des salles de sport ou des programmes anti-stress.

> Chouchouter, c'est prendre en compte les problèmes réels des gens, leur faciliter la vie courante, rendre aux salariés des services qui leur facilitent la vie. »

Par un amusant retour de l'histoire, des reportages télévisés récents (automne 2000) nous montraient les nouvelles installations du siège de Nestlé, situé à Noisiel, dans l'ancienne fabrique du chocolat Menier. Il aurait pu mentionner qu'il y a un siècle, ce superbe lieu abritait déjà de nombreuses installations d'aide aux salariés : centres de soin, écoles, appartements pour les ouvriers étaient le lot habituel de ces vieilles entreprises, mais on appelait cela avec horreur du paternalisme !

Il y a bien longtemps, le terme de « chouchoutage » n'avait pas très bonne réputation. Personne ne trouvait que c'était pour les parents ou les maîtres d'école, un bon principe d'éducation.

Où doit-on s'arrêter quand on commence, quelles qu'en soient les bonnes intentions, à vouloir traiter tous les problèmes des individus ? Certes, la fourniture de ces services est un produit d'appel mais comment le fait-on évoluer ? Il est à craindre que les besoins de services complémentaires ne seront jamais satisfaits : l'entreprise n'en aura jamais fait assez.

> Chouchouter, c'est créer de l'iniquité, c'est prendre les risques de l'assistanat. »

Mieux encore, si ces services attirent, permettent-ils de résoudre le problème de la fidélisation ? Fidéliser aujourd'hui, surtout pour les cadres, ne signifie pas seulement les retenir, c'est aussi leur donner les moyens d'assumer des fonctions de plus en plus exigeantes, les former à prendre de plus en plus vite des responsabilités qu'ils apprenaient à exercer le long processus tranquille de promotion dans des organisations très hiérarchiques. Le chouchoutage entretient-il une relation entre l'entreprise et ses collaborateurs qui facilite cet apprentissage de l'autonomie, de la responsabilité, du développement de la maturité personnelle ? L'avenir le dira, mais les conséquences du chouchoutage dans l'éducation permettent d'en douter.

La mise à disposition de tous ces services n'exonérera-t-elle pas aussi les responsables de la nécessaire prise en compte de leurs collaborateurs puisqu'un nouveau service – moderne – s'occupe déjà d'eux. Les déficits de gestion des personnes dans les cabinets de conseil qui promeuvent par exemple ces méthodes, devraient conduire à y réfléchir.

Dans la vie amoureuse, la fidélité résulte d'une morale et d'une qualité de la relation, le management pourrait y penser plutôt que de vouloir réinventer la roue !

© Éditions d'Organisation

Éthique et gestion
des personnes

Comme tous les autres lieux de notre vie sociale, les affaires et la vie économique posent des problèmes d'éthique. De nombreuses entreprises ont pris des initiatives, parfois sous la pression de la société après un accident, sur la foi d'un doute d'experts ou d'une rapide émission de télévision. Dans les années 1970, l'affaire Nestlé avait défrayé la chronique en posant le problème de l'étendue de la responsabilité d'une entreprise quand elle met des produits sur le marché : est-elle responsable par exemple d'une utilisation inadéquate du produit, jusqu'où va son devoir d'information ou de formation des utilisateurs? L'affaire avait été tellement importante que même l'OMS était intervenue. Aujourd'hui, nous nous sommes presque « habitués » à ces débats, avec les problèmes de sécurité pour les utilisateurs (automobiles, jouets, produits alimentaires), pour l'environnement (chimie, transport de carburants, organismes génétiquement modifiés). Avec le principe de précaution, on en vient même à se préoccuper de risques qui ne sont pas encore avérés et l'on imagine que les événements de l'ESB ou de la fièvre aphteuse ne sont que le commencement d'un processus qui n'est pas prêt de s'arrêter.

> Les problèmes d'éthique touchent aussi la gestion du personnel. »

Même si la jurisprudence sur le lien de subordination n'en finit pas de gonfler, notre société réévalue en permanence ce qui peut ou ne peut pas se faire dans le cadre de la gestion des personnes. Le Journal de 20 heures nous fournit régulièrement des exemples en 1 minute 10 secondes de cas difficiles, scandaleux où la morale, sinon le droit, semble immanquablement bafouée. Le dernier en date concernait une factrice qui utilisait sa voiture pour distribuer le courrier et fut licenciée, alors qu'elle ne gagnait même pas assez pour remplacer son véhicule (*dixit* le commentateur).

Au-delà du masque médiatique déformant qui ne donne qu'une vision très partielle des événements, il est clair que la gestion des personnes pose au quotidien des problèmes éthiques considérables. La décision de licencier « préventivement » quand la situation économique s'assombrit est l'un des exemples les plus classiques : vaut-il mieux appliquer le principe de précaution et licencier peu quand il est encore temps ou prendre le risque de laisser la situation concurrentielle se dégrader, au risque de ne pouvoir sauver personne ? Ce n'est pas un choix simple.

Au niveau individuel, comment gère-t-on les contraintes de la schizophrénie du citoyen salarié et du citoyen consommateur ? Le salarié ne supporte pas ce que le consommateur exige, en qualité et prix du service, en durée d'ouverture des magasins, en apparence physique même. On pourrait aussi citer ce débat de fond – méritant à lui seul une chronique – à propos du conflit entre satisfaction des besoins et développement de la personne. On n'arrête pas de nous dire que l'entreprise doit développer ses ressources humaines dans une société qui raisonne en termes d'expression et de satisfaction de besoins. Or, il est clair que développer des personnes n'est pas synonyme de répondre à leurs besoins.

Les problèmes d'éthique se posent donc aussi en termes de gestion des personnes, mieux encore, ils ne sont pas seulement de la responsabilité de la fonction personnel, du DRH mais aussi de toute personne qui travaille avec d'autres dans le cadre d'organisations où le lien hiérarchique n'est plus aussi uniforme et évident. Le développement de l'évidence du harcèlement moral au travail en est un bon exemple. Aura-t-on jamais assisté en un délai aussi court entre le succès d'un ouvrage qui popularise le mot et le symptôme du harcèlement d'un côté et sa reconnaissance dans le Droit du travail de l'autre ? Différentes analyses sont possibles, plus ou moins polémiques, mais c'est un fait que nombreux sont ceux qui retrouvent dans ce concept ce qu'ils ressentaient mais ne savaient ou n'osaient formuler. Ce déferlement de harcèlement, voire de violence[1], n'a pas fini d'entraîner de sérieuses conséquences pour le quotidien du management.

L'éthique n'est évidemment pas seulement l'affaire du dirigeant, de la direction des ressources humaines, d'un comité *ad hoc*, voire du législateur. C'est l'affaire de tous et en particulier, dans le monde de l'entreprise, de ceux, toujours plus nombreux dans les organisations actuelles, qui ont une part de responsabilité dans le processus. Il ne suffit pas de s'étonner naïvement devant l'exercice, parfois surprenant, de la liberté individuelle, il faut, pour les entreprises, s'interroger sur les moyens propres à chacun de prendre la pleine responsabilité de son action.

Il existe une abondante littérature sur l'éthique. L'ouvrage de Joseph L. Badaracco Jr, professeur de *Business Ethics* à la Harvard Business School sera très pertinent, clair et profond pour alimenter votre réflexion si vous avez décidé d'avoir, sur ce sujet, moins à apprendre et à appliquer qu'à réfléchir[2]. Pour lui les vrais problèmes d'éthique ne sont pas de distinguer entre le bien et le mal : il existe de nombreux textes, références, voire autorités extérieures pour vous y aider ou vous y contraindre. Les vrais problèmes d'éthique seraient donc ceux qui vous obligent à choisir entre le bien et le bien, entre deux solutions répondant à vos critères du bien : vous savez des choses confidentielles sur un plan de licenciement, que vous avez contribué à élaborer du mieux que vous pouviez, et une personne vous demande si vous avez des informations sur le futur de l'entreprise parce qu'elle doit prendre des décisions qui l'engagent financièrement de manière importante. Que faites-vous ? Eh oui, la réalité est parfois plus compliquée que dans le film *Ressources Humaines* !

> Les vrais problèmes d'éthique seraient donc ceux qui obligent l'individu à choisir entre le bien et le bien, entre deux solutions répondant à ses critères du bien. »

Badaracco nous dit que l'on se trouve sans ressources utiles face à de tels problèmes. Les grandes chartes d'éthique sont trop générales : Badaracco cite l'histoire de ce professeur qui demandait à des représen-

---

1. Certaines statistiques montrent que 20 % des salariés actifs sentiraient la violence au travail...
2. J.L. Badaracco, *Defining Moments*, Boston, Harvard Business School Press, 1997.

tants d'entreprises, dans un séminaire, d'écrire les grandes idées de leurs chartes d'éthique et de mettre leur copie dans une urne. Après avoir lu l'une de leurs réponses tirée au hasard, il demanda de quelle entreprise il s'agissait et cinq ou six mains se levèrent parce que ces personnes d'entreprises différentes se retrouvaient dans la formulation tellement celle-ci était générale... D'autres entreprises définissent des codes d'éthique, mais ils traitent plus des mauvaises conduites et des interdictions que des choix entre deux bonnes solutions quand la personne doit forcément abandonner la référence à une valeur positive en délaissant une des deux solutions. Il reste enfin l'appel aux philosophes qui aident à formuler les questions... qui mènent à d'autres questions. Beaucoup d'entre nous se retrouvent seuls face à ces décisions difficiles où choisir signifie abandonner une autre bonne solution et Badaracco trouve qu'il ne suffit pas de croire pouvoir... faire ce que l'on sent, comme si l'émotion première et repérable était forcément le signe de la vérité.

Le problème n'est pas de savoir si l'on doit se fier à ses propres intuitions éthiques, mais plutôt de savoir comment le faire. Le problème, c'est la méthode. Badaracco propose trois questions simples (à poser) qui permettent de clarifier une position, de conduire correctement le processus éthique parce qu'il s'agit bien là d'un processus piloté par la personne qui se développe en se confrontant, qui construit son expérience en la vivant puis en l'interprétant et en s'en inspirant[1].

La première, c'est de clarifier ce que ce moment révèle de mes valeurs les plus profondes et de mes engagements dans l'existence. Certes je préférerais échapper à ce moment difficile, certes je suis englué dans trop de circonstances présentes pour bien définir ce moment : les exigences contradictoires exprimées par des personnes, de manière plus ou moins insistantes, par exemple. Mais ce moment critique ne peut que s'éclairer à la lumière de valeurs et d'engagements de mon passé, du long processus de constitution de mes valeurs et de mes

---

1. On pense évidemment aux travaux très actuels de Boris Cyrulnik mais aussi à cette phrase de Goethe rapportée par Badaracco dans son ouvrage : « *L'expérience n'est que la moitié de l'expérience* ».

© Éditions d'Organisation

choix. Perçu comme critique, le moment est révélateur mais ce qu'il révèle ne peut être totalement rendu par le présent.

La deuxième question concerne le test de ses propres valeurs. En choisissant une option, fondée sur des valeurs, on en abandonne une autre fondée aussi sur d'autres valeurs. Alors intervient le moment du test de l'importance relative de ses valeurs personnelles. Les deux existent, mais l'une va devoir prévaloir, être non pas mauvaise mais plus cruciale que l'autre. Il est vrai que cette confrontation ne peut se faire que dans la réalité du conflit de valeurs, jamais dans l'abstrait. Comparer l'importance relative plutôt que de chercher l'inaccessible bonne solution, c'est déjà un pas.

La troisième question concerne l'après-décision. Ces moments servent à construire, à mettre en forme, à modeler. Ils le font même si l'on ne s'en préoccupe pas. Pourquoi ne pas être conscient de la manière dont ces choix vont influencer le futur. Assumer sa responsabilité dans des moments critiques, c'est aussi gérer et recomposer la suite. Plus encore, dans une entreprise, les managers sont, qu'ils le veuillent ou non, les professeurs d'éthique.

Que faire d'une telle méthode ? J'entends d'ici le lecteur déçu de n'avoir aucune clé pour traiter ses problèmes actuels d'éthique et qui est renvoyé à l'obscurité du débat avec lui-même. Bien entendu, il serait bon d'accepter un jour que, même dans le contexte aux prétentions technocratiques et mécanistes de l'entreprise, tout n'est jamais que comportements individuels et relations. Mieux encore, on pourrait reconnaître que les managers ou toute personne avec responsabilité constituent les meilleurs professeurs d'éthique dans les entreprises parce qu'ils sont imités, parce que l'on en prend le contre-pied. La profondeur du processus de décision personnelle n'a d'égale en importance que son effet social sur les autres.

> Avoir des personnes qui réfléchissent sur elles-mêmes et sur leurs actions sans attendre que d'autres le fassent à leur place, ce serait déjà un progrès social. »

Le management n'est pas chose aisée, le travail avec les autres, la vie sociale ne sont jamais simples, quelles que soient les visions idylliques que nous décrivent les *success-stories*. Mieux encore, seuls les esprits simples trouvent qu'il est toujours facile de distinguer entre le bien et le mal, ou, pour employer d'autres termes, les exploiteurs et les autres, les chefs (forcément petits) et les subordonnés, les « harceleurs » et les harcelés. La réalité est plus complexe et il est de la responsabilité des entreprises d'aider les managers, mais pourquoi pas tout le monde, à mieux vivre ces moments critiques difficiles et inhérents à la vie sociale. Cela demande de reconsidérer en profondeur la formation aux compétences humaines dans les entreprises.

Internet et réseaux : du nouveau pour la gestion des personnes ?

L'économie se transforme. Ce n'est pas un scoop. Depuis que l'on écrit sur le management, tout le monde le reconnaît. Ce ne sont pas les mêmes personnes qui écrivent et il est bien naturel de voir, du haut de notre fragile point d'observation dans le temps et l'espace, des mouvements vite qualifiés d'inédits. Cette transformation est dans la nature même de ce mouvement perpétuel qui consiste à créer et échanger. Toutefois, des enjeux, des pratiques, des outils, des contextes se modifient pour donner à l'économie, en général, et au fonctionnement des organisations, en particulier, des pratiques et des rythmes nouveaux. Il faudrait alors être bien myope pour ne pas voir que le développement des réseaux et d'Internet bouscule profondément des pratiques en dépit des retournements boursiers.

Une fois passé le bouillonnement des premières illusions, c'est le temps de l'appropriation, de la mise en œuvre, des changements concrets. Pour s'en convaincre, il suffit d'examiner les rayons d'une librairie spécialisée dans le management aux États-Unis ou en Grande-Bretagne. Alors que les meilleures ventes et le flux des nouveautés concernaient surtout les investissements boursiers, il y a deux ans, c'est maintenant le tour des ouvrages sur la révolution d'Internet dans les entreprises et ses principales fonctions, le commerce bien entendu mais aussi la gestion du personnel et les relations avec les fournisseurs.

On s'intéresse moins aux start-ups qu'aux entreprises traditionnelles et à la manière dont elles intègrent ces nouvelles techniques et approches de la communication et du travail en commun.

Bien naturellement, comme dans toutes les situations de nouveauté, on en vient à se demander si les progrès d'Internet et des réseaux créeront de nouveaux problèmes, en particulier dans le domaine de la gestion des personnes. Comme toujours dans ce genre de situation, deux réponses sont possibles selon son tempérament : la reconnaissance de changements profonds qui remettent fondamentalement en cause les pratiques anciennes, pour ceux qui voient le monde comme une révolution permanente ; le repérage des régularités, des permanences, des traditions pour ceux qui voient le monde comme un éternel recommencement ou un long fleuve tranquille.

Avec le léger recul du temps, il faut reconnaître que le développement d'Internet et des réseaux dans les entreprises traditionnelles a au moins posé trois problèmes relativement nouveaux.

Tout d'abord, les entreprises qui ont pris parti d'explorer les changements potentiels causés par Internet pour leurs activités, leurs processus de travail ou leurs organisations, ont eu à trouver et retenir des compétences : on connaît les tensions sur le marché du travail et les difficultés très concrètes de pouvoir disposer des compétences dans ces nouvelles technologies quand les solutions traditionnelles de la formation continue en interne ne peut réellement pallier le manque de qualifications disponibles sur le marché du travail.

Deuxièmement, il s'agit de faire fonctionner les organisations différemment donc de faire travailler ensemble les personnes selon des modes nouveaux. Le réseau devient un lieu de partage de l'information. Alors que l'information était appropriée et possédée par les personnes (dans des dossiers-papier, un disque dur ou des armoires personnelles), on passe à un système où l'information est partagée. La vision du travail en est modifiée et donc les rapports humains au travail. Comme le montrent Hoving et *al.*, les vieux, face à une information, avaient tendance à l'imprimer et à la classer dans un dossier, les moins vieux la rangeaient dans un répertoire du disque dur et les jeunes ne la stockeraient plus, puisqu'elle sera toujours disponible sur un réseau qu'ils investiront dès que cela redeviendra nécessaire.

© Éditions d'Organisation

Troisièmement, on ne peut totalement rejeter la thèse des « âgistes » qui voient dans la société actuelle de réelles et profondes transformations sociologiques qui dépasseraient le seul étonnement de générations vieillies devant les jeunes successeurs. Pour certains, les nouvelles technologies de l'information marqueraient une réelle fracture entre des jeunes et des vieux, quand les premiers ont des capacités d'apprentissage que leurs aînés ne pourront jamais rattraper. Pour d'autres, la disparition des longues lignes hiérarchiques pyramidales remettrait en cause les fragiles équilibres générationnels qui assurent de la stabilité aux groupes humains. Pour les derniers, les rapports entre travail et hors-travail deviendraient la variable centrale de la gestion du personnel, du fait de quelques évolutions profondes dont on peut citer quelques exemples : la multiplication des couples bi-activité (où les deux travaillent), la réduction du temps de travail, la « relativisation » du temps de travail dans une existence à trois vies (la vie d'avant le travail avec le report de l'entrée dans la vie active), la vie de travail où se jouent les arbitrages entre vie de travail, vie familiale et vie personnelle, la vie d'après le temps professionnel. Toutes ces évolutions sociologiques semblent porter leurs fruits en même temps et modifier le rapport au travail. Est-ce réel ou seulement l'effet d'optique de toute génération vieillissante qui a enfin la parole et s'étonne des mœurs des nouveaux-venus ? On ne le saura que plus tard mais il existe suffisamment d'éléments objectifs dans ce constat brouillon pour que les entreprises, dans un marché du travail tendu, entendent la revendication d'un autre rapport au travail, essaient de la comprendre, d'en tenir compte et éventuellement d'agir. La seule chose dont on soit sûr, c'est que l'on ne peut faire l'économie de la question.

Au-delà de ces quelques difficultés, pas minces il est vrai, il n'y a pas vraiment de problèmes de personnel causés par l'introduction dans les entreprises de nouveaux modes de travail autour d'Internet et des réseaux.

> Il n'y a de problèmes humains que si les entreprises font le choix d'en avoir. »

Qu'est-ce à dire ? Les problèmes de personnel ne s'imposent pas, ils résultent des choix que l'on fait. Trois grands choix vont déterminer que les questions de gestion des personnes vont devenir premières dans la mise en œuvre de ces nouveaux modes de travail.

Le premier est celui de la stratégie. Dans la plupart des programmes de formation à l'entrepreneurship ou la création d'entreprise aux États-Unis, au bon temps de la floraison des start-ups, on enseignait aux étudiants ce qu'il fallait faire pour vendre avec profit la nouvelle entreprise après deux ans. Y a-t-il vraiment des problèmes de personnel dans ce genre de situation ? Sans doute moins que de problèmes pour trouver de bons clients rapidement, en y mettant le prix au niveau des salaires, de façon à présenter un bon compte de résultat actuel et prévisionnel. Reconnaissons que ce problème ne concerne pas que les « jeunes pousses » mais aussi toutes ces branches que l'on toilette et revend à toute vitesse comme n'importe quel marchand de biens. Si, par contre, la stratégie de l'entreprise est le développement durable, l'approche ne peut être la même. L'implication des collaborateurs, la qualité du réseau social interne à l'entreprise, la confiance effective deviennent alors des facteurs de ce succès à long terme : là, les problèmes commencent et requièrent courage, force, raison et persévérance pour être résolus.

Le deuxième choix est celui des activités. On n'est pas obligé d'avoir, dans une entreprise, des activités qui exigent de l'engagement de la part des collaborateurs. Certaines activités peuvent être totalement « standardisables », « automatisables » ; de bonnes règles et procédures, un bon système technique peuvent en garantir l'efficacité minimale. Bien entendu, si l'entreprise fait le choix de vendre des produits ou développer des activités qui ne peuvent être réellement efficaces que grâce à l'implication, à l'engagement des personnes, les problèmes de gestion des personnes deviennent prioritaires. C'est le cas lorsque la qualité perçue de la prestation achetée se joue dans une relation avec du personnel en contact. C'est le cas dans l'économie de l'expérience, quand l'entreprise vend des moments, des expériences, une ambiance que les personnes contribuent grandement à créer.

Si vous faites le choix d'organisations plus souples et réactives, vous avez besoin des compétences et de l'engagement des personnes qui doivent orienter des politiques de personnel. »

Le troisième choix est celui des organisations. Les bonnes vieilles structures bureaucratiques, hiérarchiques et pyramidales fonctionnent assez bien avec de bonnes règles et procédures ainsi qu'un système de contrôle performant. En mettant en œuvre ce genre d'organisations, vous ne dépendez pas trop des personnes mais plutôt de la technicité procédurale. Bien entendu, si vous considérez que de telles structures sont trop coûteuses, peu adaptées aux défis de votre marché, vous serez tentés de mettre en place des structures plus réduites, multidimensionnelles, théoriquement plus adaptées à la nouvelle situation. Mais de telles organisations ne fonctionnent que si chacun prend sur soi pour que cela marche, travaille à régler les conflits ouverts par l'imprécision des zones de responsabilité, la complexité des rapports hiérarchiques.

Une stratégie de développement pérenne, des activités riches en valeur ajoutée par les personnes, des organisations souples et réactives ? Les entreprises peuvent faire le choix du contraire, elles auront alors moins de problèmes de gestion des personnes.

Le coaching

Comment parler sans trop de risque du *coaching* ? En effet, il devient courageux d'aborder un thème qui s'est répandu si rapidement sur le marché de l'outil de management. Dans ces cas-là, il n'est que d'évoquer le mot pour s'entendre dire que ce n'est pas du vrai *coaching* dont vous parlez. Toutes les notions subissent le même sort : au début quelques-uns pratiquent gentiment, souvent depuis des années, puis le monde devient professionnel, chacun crée sa seule vraie définition, travaille à l'épuration académique et pratique de ce qu'est ou n'est pas le *coaching*. On crée même des diplômes, une association européenne, vite reliée à un réseau international. Les procédures de certification surgissent et le château fort se construit prêt à bouter le barbare ou celui qui a été trop lent à saisir l'idée et le vent de l'époque.

Force est de constater que l'on parle partout de *coaching*. Avec les définitions du vrai concept, la professionnalisation protectrice du secteur, les « cent fleurs » qui font éclore les spécialistes du *coaching* aussi vite que ceux du harcèlement moral et la valorisation de la notion qui devient un signe de reconnaissance, on a là tous les ingrédients d'une nouvelle époque où, quel que soit le problème, on aura déjà la solution…

Avoir un coach n'est plus un signe d'assistance de mauvais aloi mais plutôt une marque de reconnaissance : comment avouer que l'on n'est pas coaché ? »

En disant cela, on ne fait que reconnaître que le *coaching* est une mode, et les modes doivent être prises positivement. En effet, elles témoignent moins de l'originalité et de la nouveauté d'un concept ou d'un outil que d'un mouvement des mentalités, une évolution de ceux qui travaillent sur les problèmes de management à voir, à un moment donné, l'utilité de telle ou telle idée. Ainsi, la mode en management est un signe. Comment enseigner, chercher ou observer dans le monde du management sans porter l'attention qu'elles méritent aux modes qui représentent concrètement, et en termes financiers très forts, ce qu'est le marché de la connaissance dans la communauté du management à un moment donné ?

Pourquoi le *coaching* suscite-t-il tant d'intérêt aujourd'hui ? Trois raisons principales s'imposent qui tiennent toutes à l'évolution des organisations et de leur mode de fonctionnement.

Tout d'abord le *coaching* crée de la relation dans des organisations qui en ont beaucoup éliminé les occasions. Les anciennes organisations très hiérarchiques étaient certes coûteuses et apparemment peu efficientes mais elles donnaient des occasions de relation dans le cadre, pas toujours très drôle mais au moins rassurant, de structures hiérarchiques claires, établies et partagées. C'est moins le cas aujourd'hui, les organisations sont plus maigres ; plus efficientes sur le papier, elles ont perdu leurs cartilages, leurs temps morts, leur « mou » qui remplissaient aussi le rôle de constitution du lien invisible. Nous avons déjà parlé ici du management à distance qui croit même pouvoir s'exonérer de la charge des relations dans le management.

« Le *coaching* recrée une forme de lien. »

Que fait-on avec un coach ? On parle de soi, du travail, des questions que l'on se pose ; on se sert du coach comme d'un miroir, d'un *sparing partner*. En fait, le coach assure cette relation simple, nécessaire à la quotidienneté de l'expérience, que l'on pourrait même avoir avec son chef ou son collègue de bureau, il est vrai occupés à des tâches plus importantes.

La deuxième raison du développement du *coaching* tient au fait que de plus en plus de personnes ont besoin de résoudre des problèmes difficiles liés au travail et à leur évolution dans les organisations. Plus les organisations sont maigres, floues, multidimensionnelles, plus il est difficile de s'y repérer et de planifier le coup suivant. Les perspectives d'évolution sont encore plus complexes dans des structures avec moins de niveaux. D'ailleurs, on ne cesse de dire aux jeunes cadres, dans certaines grandes entreprises, que leur carrière devra être mobile mais qu'ils devront se la construire eux-mêmes. À eux de se créer le réseau, les relations, les initiatives pour une carrière que l'entreprise ne pren-

© Éditions d'Organisation

dra pas directement en charge hormis pour quelques « haut potentiels » rigoureusement sélectionnés. Tout le monde aime l'idée de l'autonomie et du réseau, mais cela ne facilite pas la gestion quotidienne de sa propre carrière pour des cadres qui ont besoin, comme beaucoup, d'obtenir du feed-back et de se rassurer. On peut donc comprendre que le *coaching* est un moyen d'aider des personnes dans le déroulement de leur carrière, dans les grandes décisions complexes auxquelles ils se trouvent confrontés.

La troisième raison tient à ce que de nombreuses questions ne peuvent réellement être traitées en interne, éventuellement par manque de compétence. Dans les anciens temps, le service du personnel de la fabrique servait aussi à traiter des problèmes personnels. Ces services étaient même souvent, dans les organisations traditionnelles, indépendants de la ligne hiérarchique. Avec certaines formes de *coaching*, on renoue avec la tradition d'avoir des personnes extérieures qui interviennent, hors des lignes hiérarchiques pour traiter de problèmes personnels importants.

Si ces raisons expliquent le besoin durable de *coaching*, on peut encore se risquer, en cachette des spécialistes, à donner quelques pistes pour une bonne utilisation de ces méthodes. À entendre les experts, le *coaching* peut traiter de différents types de problèmes qui nécessitent chacun différents types de coach.

Premièrement, le *coaching* est une relation interpersonnelle permettant à chacun de s'exprimer, de verbaliser, de simplement parler à une autre personne. Le manager est donc le premier coach, du moins il devrait l'être si l'on reconnaissait l'importance de la dimension relationnelle du management.

Deuxièmement le *coaching* peut aider des personnes dans des situations difficiles. Récemment, un technicien d'une direction de l'informatique se voyait proposer un poste d'étude à la direction du personnel. Un coach lui fut attribué pour faire cette transition…

Troisièmement, le *coaching* est le moyen de traiter des cas difficiles d'inadaptation profonde, des situations, qui se trouvent, dans le monde professionnel comme dans la famille ou la société, à la limite des cas pathologiques. Dans ces cas c'est bien évidemment un coach externe à l'entreprise qui est nécessaire.

Si le *coaching* se développe dans la diversité des situations qui vient d'être décrite, comment l'utiliser ? Au-delà du discernement nécessaire pour le choix de ses politiques et de ses consultants, on gagnerait à développer le *coaching* avec quelques principes de bon sens en tête, qui permettent de bien voir ce qu'il est et ce qu'il ne doit pas être..

« Il est peu sage de voir dans le *coaching* un moyen de sous-traiter le management des personnes. »

Certaines entreprises ont déjà sous-traité la gestion de l'emploi, pourquoi ne pas vouloir sous-traiter la relation managériale pour en ôter le souci et la difficulté à des managers qui sont déjà submergés par les tâches ? Il est illusoire de sous-traiter cette relation managériale pour la simple raison que chacun dans une organisation attend des autres et surtout de ses responsables, une aide à l'évolution de leur situation personnelle même si les responsables en question ne le veulent pas. Un *coaching* ayant vocation à débarrasser les managers de leurs rôles relationnels serait une pure illusion et une grave erreur à terme.

Deuxièmement, il ne faudrait pas que le *coaching* soit une nouvelle illustration de la magie de la communication et de la relation. Il ne suffit pas de communiquer pour que tout se résolve, il ne suffit pas que les gens aient des relations pour que tout aille mieux, il ne suffit pas plus d'avoir l'aide, le soutien, l'énergie d'un coach pour que le cadre (sportif) de haut niveau abatte de nouvelles performances. Le *coaching* ne remplace pas les actions, les décisions qui doivent être prises pour les personnes. Ce n'est pas le *coaching* qui comblera le besoin des personnes de savoir plus clairement ce qui est important pour elles, c'est-à-dire leur situation réelle, leur avenir et leur carrière. Chacun a la faiblesse d'être surtout préoccupé par lui-même et le *coaching* ne permet pas forcément de satisfaire toutes les attentes. Ce serait illusion de penser que le *coaching* peut remplacer des décisions et actions parfois nécessaires.

Troisièmement, le *coaching*, dans les situations où il doit être pratiqué en interne par les managers eux-mêmes, nécessite de réelles compétences humaines. Il ne suffit pas de se convaincre de la nécessité du *coaching* de ses collaborateurs. Encore faut-il travailler en permanence à l'amélioration de ses propres compétences humaines pour être à la hauteur de cette mission de coach. C'est un travail sur soi qui apporte la maturité dans la relation. C'est un exercice permanent qui donne

© Éditions d'Organisation

l'épaisseur nécessaire à la maîtrise de la relation de *coaching*. Curieusement, cette compétence manque souvent le plus aux managers d'aujourd'hui, alors que les formes de nos organisations la rendent si nécessaire.

Place aux suiveurs !

L'importance prise par le thème du leadership n'a d'égale que la diminution régulière du nombre de ceux qui sont effectivement en position de l'exercer dans des organisations plus plates où le nombre de niveaux hiérarchiques a été strictement diminué. On continue pourtant d'en faire un thème de séminaire ou de conférence, voire un critère de recrutement. Ne faut-il voir dans ce phénomène que le besoin toujours vivace de trouver des figures, des rôles sociaux attirants dans lesquels le plus grand nombre puisse s'identifier à peu de frais ? En effet, en dehors de relations hiérarchiques classiques, il existe bien des leaders de groupes informels, des animateurs d'équipes transversales, des coachs qui donnent l'illusion que les leaders existent encore et que les organisations en ont besoin. Il n'en reste pas moins vrai que, aujourd'hui plus qu'hier encore, certains rêveraient de faire tourner les organisations de travail avec toujours moins de ce personnel d'encadrement, cher et difficile à former malgré les formations au leadership.

La logique voudrait donc que l'on se préoccupe moins des leaders que des suiveurs, sans lesquels les premiers ne peuvent pas exister. Ne serait-il pas plus rentable, voire plus utile de former des suiveurs ? Certes, voilà encore un terme pas très « tendance » mais gageons que, si cette idée intéresse, quelqu'un trouvera bien un nom plus valorisant, à consonance anglo-saxonne ou emprunté aux domaines du sport ou des loisirs, plus socialement corrects de nos jours.

À insister sur le leadership, alors que le nombre de ces positions d'encadrement de personnes diminue dans les organisations, il n'y a qu'un paradoxe apparent. On réclame des leaders, mais en veut-on vraiment ?

Certains disent : « Tous leaders ! ». Il n'y a plus de leaders, vivent les leaders ! C'est, dans certaines entreprises, le moyen de caractériser les cadres à haut potentiel. Le leader serait alors une individualité enthousiaste, initiatrices, originale et iconoclaste… Il sait penser différemment, remettre en cause les organisations et les idées convenues ! On se demande vraiment comment une organisation pourrait fonctionner avec une collection d'individus pareils. Une entreprise ne peut être qu'une collection de divas, d'individualités géniales : les équipes sportives nous l'ont prouvé depuis longtemps. Si le manager Rambo sait faire des coups aux effets peu durables, le bon manager est celui qui, dans la discrétion et la durée, l'écoute et la curiosité, l'humilité et la persévérance, a justement su jouer collectif.

Jouer collectif importe encore plus dans les entreprises que dans les équipes sportives. »

Une autre façon de résoudre le paradoxe serait que chacun soit autonome, leader… de lui-même. On connaît toutes les illusions de l'autonomie au travail. C'est souvent un faux-semblant ; on exprime plutôt le souci de ne pas être dérangé, embêté, contrôlé plutôt que d'être responsable. Pour les organisateurs, c'est un moyen de se débarrasser des problèmes et de l'exercice du management. Chacun peut même s'accorder à rêver d'un monde sans frottement (comme disaient autrefois les livres de physique), où l'on aurait supprimé les charges, les ennuis, les déconvenues, les ingratitudes de l'activité de management. Mieux encore, on a, avec l'autonomie, une notion que personne n'oserait refuser : comment ne pas accepter d'être autonome ?

Il n'y a de leader que s'il y a des suiveurs. »

Le succès de la notion de « leadership », c'est enfin peut-être l'incapacité des organisations de travail à avoir proposé d'autres modèles que celui, très inaccessible, du leader comme unique représentant du travailleur. Si tel était le cas, on pourrait réellement craindre pour le futur de nos organisations : que de rêves déçus, d'illusions et de naïvetés !

Plus prosaïquement, et de manière plus réaliste, il n'y a de leader que s'il a des suiveurs. Et les organisations (qu'elles soient entreprises, associations humanitaires, partis politiques ou clubs sportifs) ont et auront besoin de beaucoup de suiveurs efficaces. Ceux-ci ont quatre caractéristiques principales.

Un bon suiveur fait son travail, même s'il n'est pas content, ou s'il estime que son entreprise, voire le reste du monde, ne le reconnaît pas. On ne pourra jamais évaluer, dans chaque secteur d'activité, le nombre de négligences, de faiblesses, d'erreurs qui ne sont justifiées ni par le manque de compétence, ni par la juste vengeance contre le système productif opprimant. C'est l'employé administratif qui oublie de passer des écritures avant la clôture des comptes, le vendeur qui ne renseigne pas son client, le standardiste qui continue de discuter avec son ami au lieu de répondre, le professeur qui ne corrige pas ses copies, le cadre qui bâcle ses entretiens annuels, le député qui n'a pas fait l'effort de bien comprendre le texte qu'il vote... La vie de travail donne de si nombreuses occasions et prétextes de ne pas faire son travail correctement, dans les règles et dans l'esprit. On est aussi prêt à s'offusquer des faiblesses coupables des autres, qu'indulgent vis-à-vis de ses propres manquements qui ne seront jamais détectés... Et ce ne sont pas les systèmes sophistiqués de contrôle dignes de *Big Brother* qui réduiront significativement le nombre de ces manquements.

Un bon suiveur ne se limite pas à bien respecter les règles, mais il agit dans le sens des missions, des buts de l'institution pour laquelle il travaille (dans les limites du droit et de la morale, bien entendu). Les organisations ont besoin de cette adhésion, de cette implication ; elle constitue même la condition indispensable de leur réussite parfois, dans le service, les organisations décentralisées ou les situations de crise. On peut rêver que les individus se rendent à leur travail, s'installent devant un ordinateur pour faire fonctionner des processus totalement sécurisés, mais ce n'est pas le cas : la réalité du travail, c'est, pour le plus grand nombre, la possibilité d'exercer, plus qu'on ne le croit, son initiative et sa marge de liberté.

> Toute organisation de travail peut attendre de ses membres qu'ils agissent, dans leur marge d'autonomie, au mieux des intérêts de l'ensemble. »

Un bon suiveur est capable de relations avec les autres. Le travail est aussi un lieu de relation, avec des collègues, mais aussi des clients. Ce n'est pas que le bon exécutant qui maîtrise seulement sa technique ou son expertise, il est aussi membre d'une collectivité. Certes, chacun ne dispose pas des mêmes dons et talents relationnels mais dans l'acceptation des complémentarités, on attend du suiveur qu'il soit partie prenante.

Enfin, un suiveur doit rendre service à son leader. On parle tellement de ce que les institutions, les managers, les responsables doivent à leurs collaborateurs qu'on en oublierait parfois que l'inverse est vrai : tout collaborateur a aussi des devoirs. Les relations humaines relèvent aussi de l'échange. Effectivement, le suiveur doit servir les intérêts de son entreprise, voire de son chef (on voit les éventuelles incompatibilités d'ailleurs). C'est le fonctionnement des sociétés humaines fait de droits et devoirs.

Bien entendu, et c'est la contrepartie du point précédent, être suiveur efficace, cela se paie. On n'est pas bon suiveur par goût de l'abnégation ou par conversion magique. Quand on ne se laisse plus prendre aux mirages de l'autonomie, de l'épanouissement personnel ou d'une vie organisationnelle sans frottement, il faut savoir faire reconnaître ses qualités et sa performance de suiveur. La rétribution du suiveur a plusieurs aspects.

En premier lieu, il faut rétribuer le « bon suiveur », valoriser de manière concrète, sonnante et trébuchante les bons suiveurs. Y a-t-il quelque chose de plus porteur du sens de l'intérêt que l'on vous porte que l'argent quand on se trouve chez un agent économique, l'entreprise, dont c'est le langage de base ? Bien évidemment, la rétribution ne se limite pas à cela.

En deuxième lieu, il faut clarifier la relation entre leader et suiveur. Leur relation n'est durable et efficace que s'ils y trouvent mutuellement un bénéfice. Certes, le leader peut attendre du suiveur une aide mais l'inverse est vrai, et ce bénéfice se situe aussi dans la qualité de la relation et ce « respect » qui revient tant à la mode.

En troisième lieu, un suiveur a besoin de savoir où il va. Les organisations feraient bien de ne pas tomber dans l'illusion que le suivisme est un manque d'ambition, ce serait pervertir aussi bien la notion de suivisme que de leadership !

L'évaluation
des performances

L'évaluation des performances est à nouveau un sujet d'actualité depuis que la presse s'est emparée, début 2002, des pratiques d'IBM. Émoi, questions, odeur de scandale, « la barbarie de l'entreprise », pour reprendre le titre d'un ouvrage d'il y a quelques années, avait encore frappé. Les propos qui suivent ne concernent pas le cas d'IBM pour une seule bonne et suffisante raison : je ne connais pas IBM de l'intérieur, ni ses procédures ni leur histoire, ni ses politiques de personnel, ni l'ensemble des autres pratiques de gestion du personnel, encore moins la situation particulière des personnes qui sont en cause et justifient l'émoi médiatique. Il est vrai aussi que l'expérience nous a rendus prudents et habitués à une réalité souvent plus nuancée et complexe que ce qui nous en est dit.

Pour pouvoir parler avec un peu de raison de l'évaluation des performances dans les entreprises, il faut au moins convenir de quelques réalités de bon sens.

Premièrement, l'évaluation des personnes existe toujours et ce, pas seulement dans l'entreprise. On ne connaît pas, au moins dans nos cultures, de milieux, de groupes, de sociétés qui n'aient développé naturellement, leur propre mode d'évaluation. Les cours de récréation sont de ce point de vue de bons terrains d'observation. L'évaluation y est permanente, souvent basée sur des critères d'apparence physique ou d'habillement. Que dire des diverses associations, et même des familles ? Dans toute société, on évalue les personnes, on les classe, on les situe les unes par rapport aux autres. Avant d'être une prérogative de l'autorité, c'est un processus social normal, même s'il n'est pas toujours agréable...

Dans les entreprises mêmes, on n'a jamais cessé d'évaluer et de mesurer. Certes les méthodes ont changé, mais l'évaluation a toujours existé, en cherchant à donner quelque « objectivité » à une évaluation toujours présente. Quant à ces méthodes dites « américaines », un ouvrage récent[1] rappelle que depuis de très nombreuses années, les entreprises en France, comme ailleurs, qu'elles soient françaises ou américaines, ont adopté des systèmes d'évaluation des performances incluant une notation, un entretien, etc. Il y a donc toujours évaluation, même informelle ; quant aux plus formelles, elles ne datent pas d'hier.

Deuxièmement, l'évaluation n'est pas chose facile. Tout le monde sait que des paquets de copies de mathématiques de collège peuvent obtenir des notations très différentes d'un évaluateur à l'autre alors qu'en est-il de l'évaluation des performances dans une entreprise quand le travail de chacun est très socialisé, dépendant fortement des conditions, de l'environnement mais aussi des autres. Dans un article déjà ancien[2], on trouvait un recensement de toutes les difficultés, depuis celles de la mesure du résultat jusqu'aux biais inhérents à l'entretien.

Cette difficulté est renforcée par le fait que personne n'aime être évalué. Qu'y a-t-il de plus sensible que de se faire évaluer ? On aime avoir de bonnes évaluations mais pas être évalué. Ce processus renvoie d'ailleurs à une histoire personnelle, au stress de l'école ou d'un club de sport quand il s'agissait de sans cesse prouver ce dont on était capable. Qui n'a pas rêvé à cette époque de devenir enfin l'adulte qui n'aurait plus à subir tout cela ?

Rappelons-nous aussi quelques décennies de sciences de l'éducation où l'on a au moins réussi à générer tous les doutes possibles sur la notion même d'évaluation. Ainsi, on se trouve dans la situation bizarre de deux revendications peu compatibles apparemment, le besoin de reconnaissance mais le déni de l'évaluation.

1. G. Trepo et *al.*, *L'appréciation des performances*, Éditions d'Organisation-Manpower, 2002.
2. M. Thévenet, « L'appréciation des performances », *in Encyclopédie du Management*, éd. Vuibert, 1992.

Troisièmement, l'évaluation est une pratique nécessaire dans une organisation. En effet, qui pourrait imaginer travailler dans une organisation sans recevoir un feed-back sur ce qu'il fait. C'est un besoin de pouvoir se situer, de savoir ce que l'on fait, pourquoi et dans quel but. Si, en plus, on estime que les personnes peuvent se développer dans leur activité professionnelle, comment pourraient-elles le faire sans évaluation ? Les organisations sont d'ailleurs si complexes, floues et évolutives que le besoin de se situer n'en est que renforcé.

Une fois ces points de bon sens admis, il reste à chacun, dans un domaine difficile, à trouver l'outil le moins inefficace possible. Il n'existe d'ailleurs pas de solution miracle comme le croyait ce responsable des ressources humaines qui avait reconstruit la combinaison de tous les outils de ses confrères pour s'approcher de l'outil idéal... La seule aide la plus concrète, c'est d'admettre que tout système d'évaluation n'est qu'un outil auquel s'appliquent les deux théorèmes du marteau.

Il ne faut pas confondre l'outil et la façon de s'en servir. Avec tout outil, on peut faire le meilleur ou le pire, mais cela dépend de son utilisateur. Il est évident qu'avec une problématique aussi sensible que l'évaluation, quelque outil que ce soit peut être perverti, mais ne jetons pas le bébé avec l'eau du bain.

Premier théorème du marteau : quand on se tape sur les doigts avec un marteau, ce n'est pas la faute du marteau. »

Dans une entreprise, un responsable pervertissait l'inoffensive technique des points forts et des points faibles. Il listait quelques points forts insipides avant de faire pression sur la personne évaluée pour qu'elle avoue elle-même les points faibles qu'il ne manquerait pas de réutiliser le moment venu. Combien de personnes évaluées annuellement n'ont-elles pas eu l'impression que les résultats de la dernière quinzaine comptaient plus que ceux d'il y a onze mois ? Ils s'y étaient d'ailleurs assez bien préparés.

Quant aux fameux quotas, ils sont sans doute un peu forts mais qu'est-ce qui se passe quand ils sont absents ? En général, on aboutit à un classement encore plus dur, binaire : les agents ont soit 19/20, soit 20/20. C'est le cas parfois dans le secteur public : avoir 20 signifie que vous êtes bon et avoir 19...

L'entretien lui-même peut donner lieu à toutes les dérives. Elles sont principalement de deux ordres, pas exclusifs l'un de l'autre. Tout d'abord, c'est la manipulation, le souci de pervertir la procédure, d'utiliser l'évaluation pour d'autres fins que la seule évaluation. La « judiciarisation » croissante des rapports de travail devrait sans doute voir se renforcer cette tendance. Ensuite, il y a aussi, et surtout, le problème de la compétence. Cela me paraît être la principale difficulté rencontrée par les entreprises, le manque de compétences de leur encadrement pour participer valablement à ces procédures. Ce ne sont pas les formations rapides à quelques aspects de communication qui peuvent former les cadres. L'expérience quotidienne des entreprises me fait dire que l'écoute, le sens de l'autre et la sensibilité aux comportements ne sont pas la caractéristique dominante des cadres, et les formations internes ne me paraissent pas non plus leur accorder une très grande attention.

Une autre piste pour mieux choisir ses outils au « bricomarket » du management, c'est de vérifier qu'un système d'évaluation sert bien à renforcer des valeurs qui sont réelles et pas imaginaires. Comment parler d'évaluation sans référence aux valeurs ? Celles qui sont à renforcer, ce sont des valeurs existantes qui s'avèrent pertinentes face aux problèmes rencontrés par l'entreprise. Hier encore, une grande entreprise rénovait ses politiques du personnel en appuyant ses nouveaux outils sur des valeurs imaginées par un nouveau président...

S'il est impossible de trouver un outil idéal sur un sujet aussi sensible que l'évaluation, il est au moins nécessaire de toujours se rappeler qu'il n'est aucun outil manipulateur mais seulement des personnes manipulatrices. Certes cela produit moins de littérature de dénonciation sur le management et ses outils mais au moins, cela conduit à s'attaquer aux vrais problèmes, ceux des compétences des personnes à travailler collectivement. Et là, il reste beaucoup de travail à faire !

> Deuxième théorème du marteau : quand on a un marteau, tout problème a tendance à devenir un clou. »

C'est une tendance fréquente en management de vouloir faire faire aux outils bien plus qu'ils ne peuvent. Cette tendance rencontre nos besoins éternels de simplification : regardez le management interculturel. C'est devenu une telle vogue que tout problème rencontré dans une entreprise internationale semble découler inéluctablement des différences de culture.

L'évaluation des performances n'échappe pas à cette tendance. La démarche se résume souvent à un entretien auquel on veut confier trop d'objectifs : il doit servir à évaluer des performances, détecter des potentiels, suggérer des évolutions, susciter des propositions, préparer des orientations. Bien entendu, il faut qu'il soit un moment de communication intense, préparée, délivrant du feed-back, de l'attention, une relation vraie. Comment s'étonner que certains cadres pensent sincèrement avoir terminé leurs tâches de gestion des personnes quand ils ont fini les entretiens annuels et qu'il est temps de revenir au travail normal !

En matière de gestion du personnel, le mieux est l'ennemi du bien. À vouloir confier trop de missions à cette délicate évaluation, on introduit beaucoup de confusion sur le sens et la portée de l'évaluation.

Cela va-t-il sans dire ?

Quand arrive l'époque difficile des entretiens d'évaluation des performances, on entend parfois s'exprimer le soulagement des responsables : « au moins avec celle-ci ou celui-ci, c'est bien… il n'y a rien à
dire ». Après les décisions d'augmentations individuelles, ce chef de
service faisait connaître à son collaborateur le montant de l'augmentation obtenue en collant un post-it sur l'écran de son ordinateur : « il n'y
avait rien à dire, il avait obtenu ce qu'il demandait »… Combien de
cadres décrivent d'ailleurs la situation idéale de management comme
celle où chacun travaillerait dans son coin avec beaucoup d'expertise,
de conscience professionnelle, d'assiduité et d'initiative de façon à ce
qu'il n'y ait justement… rien à dire. En fait quand les livres vous
décrivent le management idéal à force de pratiques, d'outils et de
démarches, les personnes sur le terrain répondent simplement que leur
rêve de manager serait justement de ne rien avoir… à dire : tout fonctionnerait convenablement sans qu'il soit besoin de demander, de
vérifier, de discuter, d'échanger, de supporter les conflits à régler,
d'intervenir dans ces relations humaines trop souvent ingrates.

Il faut bien avouer que, dans le tourbillon des activités quotidiennes,
chacun appréciera quand cela va sans dire. En travaillant sur un chantier
avec d'autres personnes, en montant un projet, en prenant une décision
ou en la mettant en œuvre, il n'est pas rare que cela aille sans dire, tant
les références sont communes, tant les visions sont partagées, tant les
analyses, diagnostics, pronostics vont de soi. Le travail devient tellement
agréable quand il n'y a pas à expliquer, à répéter sans cesse ce qu'il faut
faire et comment il conviendrait de le faire.

De là à imaginer qu'avec de bonnes explications, une bonne formation, les choses devraient maintenant aller sans dire, il n'y a qu'un pas. Il est vrai que l'implicite est tellement important dans la vie quotidienne, dans la vie sociale qui ne serait pas possible si chacun ne partageait pas sans le dire, et parfois sans même savoir, des références communes.

Dans l'entreprise, ces références communes sont plus nombreuses qu'on ne le croit généralement. En effet, cela va tellement sans dire qu'on ne le dit plus et que l'on n'en a plus conscience. C'est ce que révèlent les travaux sur la culture d'entreprise où l'on s'aperçoit combien les membres d'une même collectivité de travail partagent d'hypothèses sur leur travail, leur métier ou leur vision du monde. Alors les intérêts particuliers, les conflits quotidiens ne paraissent plus être le seul horizon d'une vie sociale.

Certains diront même que l'un des buts de l'action et du management, c'est qu'il ne soit plus, à l'avenir, nécessaire de dire. En affirmant haut et fort des valeurs d'autant plus efficaces qu'elles sont dans l'air du temps, on compte bien qu'il ne soit dorénavant plus à dire… De bons systèmes d'information, des process rationnels d'amélioration des opérations devraient maintenant nous éviter d'avoir à dire… Quant à la sacro-sainte transparence, la clarification parfaite des processus, des décisions, des comptes et des objectifs stratégiques, elles devraient « m'aider à ce que je n'ai enfin plus à vous dire… ».

Comment se fait-il que « ne pas dire » soit devenu un rêve ? Pourquoi de si nombreux cadres expriment dans les enquêtes leur rêve de travailler dans leur coin, seul avec leur ordinateur, maîtres de leur compétence, sans qu'il n'y ait rien à dire ?

> Comment se fait-il que, à une époque qui prétend avoir développé et amélioré la communication, le comble de la modernité soit de ne plus rien avoir à dire ? »

On arrêtera là les formules pouvant laisser croire que la chronique va virer à la philosophie de plage ; l'auteur en est incapable, mais quelques réflexions sur le management éclaireront peut-être la question.

Dans toutes les organisations, pas seulement les entreprises, chacun aime la perspective de devenir chef, manager ou cadre. Au-delà du système de retraite c'est le statut qui attire, avec tous ses attributs, quand il marque une juste reconnaissance du travail effectué, une augmentation de salaire et divers avantages statutaires. Quant il s'agit d'assumer les responsabilités d'une équipe ou de quelques collaborateurs, il en va autrement. Le management rêvé, c'est souvent une situation où chacun aurait été bien recruté par la direction des ressources humaines, ferait avec efficacité son travail, concentré sur la tâche et le résultat collectif, sans jamais poser de ces problèmes qui empoisonnent la vie.

Malheureusement pour eux, l'humain, ce n'est que du frottement : les meilleures amitiés, les plus beaux couples, les équipes les plus performantes le savent. Avec des personnes, le travail en commun est forcément affectif, même si chacun parvient plus ou moins efficacement à se retrancher derrière des outils désincarnés de communication ou des procédures censées remplacer la réalité.

Le management rêvé serait, comme dans les anciens exercices de physique des livres de 1ère, un management sans frottement. »

Certes, certaines situations de travail paraissent fonctionner efficacement sans beaucoup d'interactions, comme si chacun avait intériorisé les missions et les objectifs. Ces cas sont trompeurs car on ne mesure pas combien il a fallu de travail pour que les relations paraissent si fluides. De bonnes relations au sein d'un groupe ne se décrètent pas, dans des équipes de sauveteurs, dans des orchestres, des équipes de bâtiment, c'est l'expérience, et l'effort qui ont permis de ne plus rien avoir à se dire en étant malgré cela efficace : mais quel effort continu pour parvenir à cette complicité silencieuse !

Cet effort a nécessité la répétition, la confrontation, la constitution et le renforcement de référentiels communs : se redire ce que l'on sait déjà sur le tempo et le rythme en musique, sur les coups de main dans le bâtiment, l'analyse des situations dans une équipe de chirurgie ; tout cela a été appris par répétition et grâce à un réel effort. Il est une caractéristique du travail et du fonctionnement des sociétés humaines que l'on oublie trop souvent, c'est qu'il est capital pour la qualité du groupe de se redire ce que l'on sait déjà. C'est ce que chaque société humaine peut apprendre de la famille : voilà un lieu où l'on ne cesse de répéter, de se redire l'affection : d'ailleurs, essayez d'arrêter de le faire et vous constaterez les résultats…

Se redire les choses, renforcer les références communes dans l'analyse des situations, les réactions face à la concurrence, à l'avenir, au métier, c'est le seul moyen de renforcer le lien social, le sentiment de partage : quelle société humaine peut-elle s'en passer ? C'est le seul moyen de préparer l'avenir, de faire face plus tard à des situations plus difficiles. Il paraît donc bien illusoire d'imaginer que le management pourrait s'en passer, voire le déléguer à je ne sais quelle forme de coach...

Chacun sous-estime l'importance de ce qu'il communique en ne disant rien. »

Le problème d'ailleurs, c'est que même sans dire, on dit beaucoup... Celui qui se réfugie derrière sa technicité et ses procédures, en espérant faire l'économie de la relation, se leurre le plus souvent sur le silence des autres.

Quels principes simples devrait-on en tirer ?

Le premier est de surtout communiquer quand il n'est pas nécessaire de communiquer, quand les références paraissent si communes que cela va de soi : voilà une bonne occasion de se dire, de se redire, avec l'élégance et la subtilité qui conviennent, ce qui relie et fait lien. À renforcer en permanence des références communes dans le travail, on devient plus aptes à traiter des cas plus difficiles. Il ne s'agit donc plus de se satisfaire de ne pas avoir à dire mais plutôt de s'obliger à renforcer en permanence ce que l'on peut avoir en commun.

C'est bien... il n'y a rien dire ? Si justement. »

Rêver d'un monde où il n'y aurait plus rien à dire tellement tout fonctionnerait de manière satisfaisante sans aucune intervention de personne, cela peut se comprendre. Ce qui se comprend moins, c'est comment imaginer de confier des responsabilités de gestion des personnes à des individus pour qui c'est aussi difficile et douloureux. Le mode de promotion des personnes dans les organisations valorise la compétence technique sans vraiment s'intéresser à cette compétence relationnelle. Certes, la compétence technique et les résultats donnent de la crédibilité et de la légitimité : c'est nécessaire et pas suffisant. Il faudra sans doute vérifier de plus en plus, au moment où les postes de responsabilité managériale deviennent moins nombreux dans des structures plus « maigres », si les « gestionnaires des personnes » ont vraiment les compétences pour le faire, et mieux, s'ils aiment cela. Il faudra valoriser plus encore les bonnes pratiques en matière de relations humaines. S'occuper des personnes, d'une équipe, n'est pas toujours facile : si votre patron ne vous aide pas à en parler, à évoquer le sujet, à mettre

© Éditions d'Organisation

en valeur les difficultés et réussites dans le domaine, comment imaginer que ces pratiques seront reconnues et valorisées ?

Même dans les situations plus personnelles de la vie, d'aucuns ont du mal à s'exprimer alors quant à le faire dans le travail, cela ne va pas de soi. Il n'est donc pas suffisant de se donner des ordres, de prendre des résolutions et de se forcer, par conviction. On peut apprendre à dire. Dire n'est pas qu'une affaire de conviction, c'est aussi un problème de compétence. Apprendre à dire, c'est insister moins sur le quoi que sur le comment, apprendre l'art de la conversation, consacrer sa délicatesse et son intelligence à la manière de dire plus qu'au contenu ; c'est savoir attendre le moment, donner plus d'importance au ton, à la forme, à l'attention qui n'ont généralement de sens que pour celui qui les profère.

> Dire n'est pas aisé. Apprendre à dire, c'est goûter le plaisir de la relation. »

Il doit probablement exister des cours pour cela. Il en existera dès qu'un ouvrage à succès en aura démontré l'impératif, redécouvrant ainsi, des siècles après, ce que des générations d'honnêtes hommes avaient déjà compris. Mais l'apprentissage commence par l'envie, par l'écoute bienveillante mais sans complaisance de soi, par la reconnaissance de l'existence des autres dans son entourage. C'est peut-être cela le plus difficile.

Écouter, c'est aussi parler

Pour beaucoup, le temps de Noël est une pause salutaire permettant de faire le point. On sort de la période difficile des entretiens annuels et de ces réunions avec les collaborateurs où il a fallu leur annoncer qu'ils étaient ou non augmentés. La réunion avec son supérieur qui annonce votre absence d'augmentation n'est d'ailleurs pas beaucoup plus facile… Au cours de ces entretiens, on a parfois été surpris de ce que l'on apprenait, on a souvent eu le sentiment à la fin aussi que tout n'avait pas été dit, compris, entendu, intégré et qu'un étrange malaise régnait au moment de quitter l'interlocuteur de l'entretien : visiblement tout n'avait pas été dit, compris…

Souvent la pause de Noël est aussi un excellent moment de pratique de l'écoute. Vous retrouvez les membres de votre famille qui vous racontent leurs histoires, de la part de certains, elles n'ont d'ailleurs pas beaucoup évolué apparemment depuis l'an dernier. Les jours étant plus courts vous prenez le temps de rencontrer, et vous vous apercevez que si les enjeux sont (le sont-ils vraiment ?) apparemment moins cruciaux que dans la vie professionnelle, l'écoute n'en est pas moins difficile.

Il est tellement banal de dire qu'il faut écouter. On le serine dans les séminaires de management, tout autant que dans vos séances de conseil conjugal, de rencontres avec les psychologues scolaires ou autres « intervenants de l'hygiène relationnelle ». Il n'est d'ailleurs aucune émission de radio sur une chaîne généraliste entre 10 h et 11 h qui ne le répète régulièrement. Tout le monde sait que c'est indispensable à de saines relations au travail, en famille ou dans ses diverses organisations d'appartenance. Et pourtant on a de la difficulté à le faire, à la pratiquer ; on refait sans cesse les exercices, on se fixe toujours et toujours des résolutions. En vain. Souvenez-vous des dernières réunions ou rencontres. Vous avez remarqué combien la plupart d'entre nous aiment surtout parler d'eux, comme ils interviennent avec leurs sentences alors que la phrase de l'autre n'est même pas terminée, comme ils réagissent à ce qu'ils croient que l'autre a dit quand ils se sont aperçus, ce qui n'arrive pas toujours, que l'autre était là. Ce n'est pas là un dysfonctionnement unique aux situations professionnelles. Le fonctionnement des associations, des organisations politiques, sociales, religieuses de base est assez intéressant aussi à cet égard.

« L'écoute est un art difficile ; on n'a jamais fini de l'apprendre, de l'améliorer. »

Une telle permanence devrait inciter à beaucoup de modestie. Comme pour arrêter de fumer ou de grossir, chacun va trouver ses propres méthodes qui ont l'avantage ultime de lui convenir. Quatre petites règles peuvent faciliter le processus. La plus importante d'entre elles conduit à ne jamais oublier qu'écouter, c'est aussi parler…

Règle 1 : écouter, c'est ne pas parler

Il est si fréquent de rencontrer des personnes qui ne font que parler. Même dans des entretiens d'appréciation ou de recrutement, alors que leur mission est de mieux comprendre l'autre ou de lui demander des informations, c'est en fait l'interviewé qui parle le moins. On a tous connu ces situations. Parfois même des enquêteurs, dont le métier est de chercher, d'interroger, s'avèrent parler autant, voire plus, que celui ou celle qui est interrogé.

Celui qui parle ne s'en rend pas toujours compte. Il parle surtout de lui. Pourquoi parle-t-il autant ? Souvent parce qu'il a peur du silence, qu'il s'estime être dans une position où le silence serait aveu de faiblesse ou d'incompétence ; parfois aussi parce qu'il ou elle est mal à l'aise avec ce dont l'autre lui parle, surtout quand il ou elle évoque des problèmes personnels comme la santé, des problèmes affectifs, etc. le genre de problème qui nous paraissent si importants que l'on ne sait pas quoi en faire.

Règle 2 : écouter, ce n'est pas se taire en pensant à ce que l'on va dire

L'écoute, c'est ne pas parler, ce n'est pas non plus garder le silence. Souvent, les silencieux ne parlent pas parce que trop occupés à imaginer la réponse qu'ils vont faire. Ils l'élaborent, la fignolent, la peaufinent jusqu'à ce qu'elle soit forte, imparable, définitive, affûtée. Une fois qu'ils ont atteint cet état de perfection, il n'est pas rare de les voir interrompre l'interlocuteur pour leur asséner cette réponse si sérieusement élaborée.

Il y a mille et une façons d'interrompre. Les plus faciles consistent à dire que l'on a compris, que l'on est « d'accord, mais ». On peut faire également semblant de reprendre les derniers mots de l'interlocuteur pour lui donner l'impression que l'on a écouté.

Il est même souvent assez frustrant d'être retardé dans la manière de dire son opinion. Bien entendu, on agit comme cela avec les meilleures intentions. Notre seul but est de réellement aider à résoudre le problème en ayant élaboré une bonne solution ou une bonne réponse.

Règle 3 : écouter, c'est se laisser guider par l'autre

L'autre seul peut vous amener à comprendre ce qu'il a à dire. Écouter, c'est faire cet effort de repérer dans des mots, des expressions, un langage corporel, ce qu'il a à vous dire. Une conversation, c'est souvent plus complexe qu'il n'y paraît : il y a ce que la personne dit, ce qu'elle veut dire, ce qu'elle ne sait pas dire, ce qu'elle ne peut pas dire : difficile de se retrouver dans tout cela.

D'autant plus que celui qui tente d'écouter se trouve souvent en situation de résistance. Ses propres idées, sentiments, grilles de lecture l'empêchent de se mettre réellement dans les catégories de l'autre. Le travail d'écoute consiste à lutter contre ces résistances, à dépasser ce qui paraît évident trop vite pour vérifier que c'est bien le problème. Dans le cadre d'un programme au développement de management effectué dans une grande entreprise industrielle, un exercice consiste à écouter le problème que vient poser un collaborateur dans une situation banale de management de proximité. Il est intéressant de voir, au fil du temps, les cadres répondre aux mêmes demandes avec le même genre de réponses pré-pensées qui varient en fonction des thèmes importants du moment dans l'entreprise. Ainsi, en 2001, tout problème devait se résoudre dans le cadre des comités de carrière alors que, en 2002, toute demande était immédiatement appréhendée en termes de coûts pour l'entreprise. Il faut dire que, entretemps, celle-ci avait développé partout un programme drastique de réduction des coûts dans lequel toutes les activités avaient été directement touchées.

On dit parfois que la reformulation est le moyen de le faire. Cela consiste à reprendre ce qu'a dit la personne pour vérifier si l'on a bien compris et pousser aussi la personne à aller plus loin. Parfois la réaction immédiate de l'interlocuteur est de dire « non » à cette reformulation. Ce « non » est souvent un moyen de reprendre la parole et de poursuivre plutôt qu'une contestation ou un désaccord : il est assez surprenant, dans ces situations de voir celui qui a reformulé se justifier de sa reformulation, à la grande surprise de l'interlocuteur…

Règle 4 : écouter, c'est dire

Écouter ce n'est pas seulement se taire en attendant que cela passe. Cette quatrième règle est sans doute celle que l'on oublie le plus souvent, celle qui s'avère la plus difficile à suivre. Beaucoup de couples ne se disent rien, cela ne signifie malheureusement pas qu'ils s'écoutent…

En effet, la bonne écoute, dans nos situations professionnelles, conduit à dire quelque chose, à donner un feed-back. Il n'est rien de plus frustrant, après avoir parlé, de s'entendre dire l'une de ces formules creuses « oui, c'est vrai », « oui, j'ai compris », « je comprends », ces formules passe-partout, trop générales pour être pertinentes dans la situation.

Écouter, c'est donner un feed-back, dire, exprimer quelque chose à l'autre. Cela ne signifie pas que l'on va donner une solution, mais au moins que l'on a compris de quoi il s'agissait. C'est le minimum de reconnaissance que l'on doit à son interlocuteur.

Certes, vous me direz qu'ils sont si nombreux à vouloir s'épancher, même devant une glace, sans même être conscient de la présence de l'autre. C'est vrai, mais si l'on croit à l'importance du relationnel dans la vie professionnelle, il ne suffit pas d'être des déversoirs d'impressions, d'opinions et d'émotions pour l'autre, encore faut-il créer ensemble. La pratique d'une écoute superficiellement empathique, tellement silencieuse qu'elle ne produit rien, est sans doute un dévoiement d'une relation saine.

Écouter devient alors réellement difficile quand on va être obligé de montrer que l'on a compris quelque chose. Et ceci n'est pas difficile dans la vie professionnelle uniquement.

Partie III

Management de proximité

La solution du management à distance, c'est… le management de proximité

Noël arrive. Nombre de managers vont prendre un repos bien mérité en famille. La trêve des confiseurs s'ajoute aux journées RTT pour procurer à beaucoup d'entre nous le plaisir de rester loin du bureau, à la maison, voire sur les pistes. Grâce au mobile et à l'ordinateur portable, il sera même possible de se replonger dans le travail, lire ce que l'on a gardé soigneusement dans des fichiers temporaires et répondre à tous les messages en attente. Les pieds dans les pantoufles au coin de la cheminée, le travail à distance paraît bien confortable.

Le travail à domicile révèle de nombreux avantages. Le salarié reste chez lui sans avoir à subir les embouteillages pour se rendre au bureau, ni les contraintes de la vie collective tout en étant pleinement aux commandes de son poste avec tous ces moyens qui permettent communication et interactivité à distance. L'entreprise y voit, de son côté, un moyen de répondre aux besoins de plus en plus fortement exprimés par certains salariés de mieux gérer travail et hors travail, mais aussi de diminuer les coûts de l'immobilier qui ont tendance à remonter.

Le « manager à distance » peut enfin se consacrer à son vrai travail, sans être interrompu par les allées et venues des collaborateurs avec leurs demandes, leurs sollicitations, leurs conflits. Le management est bien plus agréable quand on peut rester seul face à son écran... Plus encore, il s'agit d'être moderne et de travailler, communiquer, échanger avec les moyens techniques actuels, auxquels ses enfants sont encore plus habiles.

> Tenir le rythme des outils de communication, diriger des équipes projet virtuelles, des personnes dispersées en temps réel, faire de la « proximié » à distance, voilà la perspective du nouveau manager, le manager à distance. »

Un ouvrage récent publié aux États-Unis[1] présente successivement les principes de cette forme de management, la boîte à outils du manager à distance et les conseils pour maîtriser des situations allant de l'e-mail à la vidéoconférence en passant par la gestion des lieux de travail virtuels. Quelques cas d'entreprise sont également présentés, mais leur brièveté ne permet pas toujours d'évaluer tant les conditions d'utilisation que leur niveau de succès dans la durée.

Reconnaissons que nous sommes chaque jour un peu plus « distanciés » que nous ne l'étions il y a dix ans. Le développement des messageries électroniques suffit à nous en convaincre. De plus en plus de managers s'y convertissent plus rapidement qu'au maniement du traitement de texte à l'arrivée des micro-ordinateurs.

> Communiquer à distance, c'est facile, c'est pas cher et cela évite de supporter la relation : c'est simple comme un e-mail. »

Les héros du management à distance présentés dans l'ouvrage sont efficaces, informés, pertinents, actifs, en pleine maîtrise des outils qui leur font découvrir la molécule d'une direction réussie et moderne. Mais rencontrer les autres, c'est toujours prendre le risque que cela ne se passe pas comme prévu : de « manager à distance » à « garder ses distances », il n'y a qu'un pas.

Au-delà des plaisirs supposés du travail à domicile, les auteurs nous disent que les salariés auraient des attentes particulières vis-à-vis du management à distance. Ils voudraient de la coordination plutôt que du contrôle, de l'accessibilité plutôt que de l'inaccessibilité, de l'infor-

---

1. K. Fisher, M. Duncan-Fisher, *The distance Manager,* McGraw-Hill, 2001.

mation mais pas trop, du feed-back plutôt que des conseils, de la justice plutôt que du favoritisme, de l'esprit de décision plutôt que de la supervision, de l'honnêteté plutôt que de la manipulation, du développement personnel plutôt que du laisser-faire, un sentiment de communauté plutôt que de l'isolement et, enfin, du respect plutôt que du paternalisme. C'est une longue liste que le lecteur me pardonnera mais elle vaut la peine parce qu'elle pourra lui servir à nouveau.

En fait, la situation est assez simple, le « managé » à distance voudrait la même chose que le « managé » de proximité, sauf que c'est encore plus difficile de le lui donner à distance qu'en face-à-face…

Pour aider le manager à surmonter cette difficulté, les auteurs élaborent un cadre de pensée intéressant. Il est vrai que nos approches du management reposent sur l'hypothèse implicite que cette fonction s'exerce pour des personnes qui partagent la même culture et travaillent en même temps au même endroit. Le management à distance s'adresse à des personnes situées dans des lieux différents, mais qui peuvent aussi travailler à des moments différents du fait de leurs habitudes de vie, de leurs arbitrages entre travail et hors-travail ou des fuseaux horaires : regardez à ce propos les jours et heures d'envoi des e-mails que vous recevez… mais comme le soulignent ces auteurs -quelle découverte- la principale des distances est culturelle quand les référentiels des uns et des autres sont si éloignés. La distance culturelle ne traduit pas que des différences de cultures nationales, elle est tout aussi forte entre les générations, entre fonctions de l'entreprise, entre les citadins et les ruraux sans parler des hommes et des femmes.

Se pose alors le problème de savoir comment faire pour manager à distance. L'ouvrage apporte plusieurs réponses qui méritent d'être notées.

D'une part, il faut choisir des personnes capables de travailler seules, de prendre de l'autonomie et de la responsabilité. Elles supportent l'autonomie et l'isolement. On ne nous dit pas comment les repérer : dans des tests, des *assessment-centers* ? La réponse sans doute dans un prochain ouvrage. Que répondront les salariés quand on leur demandera s'ils sont capables d'être autonomes ?

La deuxième condition, majeure, revenant à chaque chapitre de l'ouvrage, c'est que pour faire du management à distance, il faut surtout faire de la proximité, s'assurer que les gens sont en contact, entre eux et avec des managers.

> Faire de la proximité, c'est s'assurer que les personnes se rencontrent régulièrement, que vous les rencontriez, qu'elles se rencontrent. »

La troisième condition a trait à une discipline de fer. Bien gérer son e-mail, les vidéoconférences ou les téléconférences, c'est s'assurer que la réunion, le travail, le contenu de la communication sont bien préparés, bien appropriés. Pour cela, il faut respecter des règles formelles très sévères. Il faut de la structure, de la discipline, de la rigueur : vous avez encore moins de droit à l'erreur qu'en « présentiel », quand vous pouvez encore tenter de rattraper. Un exemple parmi d'autres, il faut bien avoir compris les règles des mises en copie et des copies aveugles *(blind-copies)* dont le maniement approximatif peut causer tant de problèmes et de quiproquos…

La dernière condition tient aux compétences du manager. Se trouvant dans des conditions de communication moins riches, il lui est encore plus indispensable de savoir lire entre les lignes, détecter dans la nuance d'une formulation, le temps d'attente d'une réponse, d'éventuels problèmes, frustrations ou satisfactions qui ne pourront que s'envenimer et empirer pour l'interlocuteur éloigné. Il devrait même prendre le temps de répondre et de réagir, comme au bon vieux temps, où il relisait la frappe d'une lettre qu'il avait auparavant écrite : au moins cela donnait le temps de réfléchir…

Finalement, les conclusions sont assez simples. Si vous pestez d'avoir des collaborateurs auxquels vous ne pouvez pas suffisamment déléguer, si vous avez des difficultés à établir, dans votre management de proximité de la vieille économie, de bonnes relations humaines de confiance, si vous avez du mal à être rigoureux dans la communication classique, si vous sentez parfois qu'il vous est disponible d'être à l'écoute et de tout comprendre de la finesse des relations, eh bien c'est très simple, ces difficultés seront encore plus un handicap dans le management à distance.

Comme dans tous les émerveillements naïfs à l'endroit d'apparentes nouveautés du management, nos hérauts du management à distance évitent soigneusement trois sujets de réflexion.

© Éditions d'Organisation

Premièrement, ils témoignent de cette illusion, voire cette soumission, à l'égard de l'outil. Nous sommes tous fascinés par ces nouvelles possibilités de la communication à distance et nous avons tous envie de l'utiliser. Attention d'en voir les limites, de faire l'effort de les maîtriser plutôt que de ne se laisser dominer !

Deuxièmement, il semble que ce mode de management convienne à des personnes autonomes, impliquées, responsables… Le problème dont on ne parle pas, c'est comment créer des organisations et des équipes avec des personnes qui ont ces qualités, ces compétences. C'est malheureusement le problème que beaucoup de managers rencontrent au quotidien. Le management à distance est-il utile en dehors des situations où l'on n'a pas besoin de management ? Il ne faudrait pas oublier qu'un manager ne remplit réellement sa fonction qu'en rendant des services aux gens qu'il dirige : ce sont les collaborateurs qui vous accordent le droit de les diriger. La distance ne facilite pas la tâche : on l'a remarqué dans cette entreprise qui a institué le télétravail pour certains services. Les salariés ont vite perçu que ce n'est pas facile de gérer sa carrière de loin… quand il n'y a plus de machines à café.

Troisièmement, nos managers à distance doivent être des experts : experts techniques dans le maniement de ces outils, experts « humains » dans l'intuition, l'écoute du non-dit, l'attention permanente du vide organisationnel voisine de celle de nos radioastronomes. Voilà reposé le problème éternel de la formation humaine : comment acquiert-on ces compétences ? Sûrement pas dans les didacticiels de nouveaux logiciels, si jamais on les utilise.

> Loin de résoudre nos problèmes, le management à distance devrait augmenter encore la nocivité de nos faiblesses… »

Le management
et la vie à deux

Le monde du management n'échappe pas plus à la vogue « people » que le sport, les arts ou la politique. Beaucoup de chefs d'entreprise sont des stars. Ils sont payés comme des sportifs de haut niveau, ils donnent lieu à des reportages dans les médias, s'expriment sur une multitude de sujets et constituent des modèles sociaux tout comme les stars des autres mondes familiers de notre existence.

Mais cette « starisation » a sans doute aussi été renforcée par la tendance naturelle du management à personnaliser la fonction de direction des entreprises. Une entreprise est incarnée et représentée par la personne de son président, les grandes décisions et les stratégies sont personnalisées, l'entreprise semble se précipiter (au sens chimique du terme) dans les décisions et actions de son patron. Dans les livres, celui-ci s'appelle d'ailleurs un décideur, un leader, reproduisant ainsi l'image personnelle du chef derrière lequel disparaissent tous les autres salariés, les « sans-nom » de l'entreprise. Le leadership est le sujet de très nombreux ouvrages de management qui insistent sur la capacité d'entraîner, de montrer le chemin, d'attirer, de tirer la collectivité vers la réalisation d'un but, d'un objectif. On peut alors oublier qu'il n'est pas de leadership sans suiveurs. Il n'est pas non plus de suiveurs qui le fassent automatiquement, par simple relation de stimulus-réponse : les suiveurs décident de suivre, ils prennent leur responsabilité de suivre et il n'y aurait de réussite sans eux.

Certes, toutes les sociétés humaines ont besoin d'emblèmes et de figures symboliques et le patron en est incontestablement une majeure. Mais l'observation de l'action collective rend cette personnalisation très injuste. Les silencieux, ceux qui s'occupent des détails et s'acharnent à transformer de belles idées en réussites, sont tout autant responsables du succès. Certains services publics sont révélateurs du phénomène : des armées de silencieux font en sorte que le service soit assuré, ils compensent parfois les effets de la réduction du temps de travail ou des grèves à répétition de certaines catégories de personnel.

> Le succès d'une entreprise, c'est un engagement très fort de très nombreuses personnes, que la personnalisation de la réussite ne permet pas de reconnaître. »

Il en est d'ailleurs de même de toutes les activités humaines : ce sont la compétence et l'engagement des équipes qui font la réussite du sportif sans lui enlever d'ailleurs aucun mérite.

Heenan et Bennis (1999[1]) nous offrent une illustration particulière de l'importance de ces oubliés dans la réussite du management. Ce sont les co-leaders, ces personnages de l'ombre seconds, adjoints ou autres qui forment le couple efficace avec le patron, même s'ils restent cachés. Certaines rares entreprises ont conservé pendant longtemps un « duumvirat » pour les diriger : cela a été longtemps le cas célèbre de Messieurs Pélisson et Dubrule pour le Groupe Accor. Ils défrayaient la chronique parce que la dualité de têtes correspondait si peu à l'image d'une direction. Certaines fusions laissent en place un couple aux commandes, comme dans le cas de Daimler Chrysler, mais cette situation est provisoire et sert surtout à retrouver le rythme de croisière d'une entreprise recomposée.

La plupart du temps, ces seconds leaders sont des figures cachées, volontairement ou involontairement. Ils n'ont pas forcément de position particulière dans un organigramme, tout simplement la tête d'une fonction, la mission de conseiller ou d'adjoint ; l'important n'est pas dans leur position mais plutôt dans leur fonction qui s'avère totalement complémentaire ou indispensable pour le dirigeant.

Le dirigeant et lui (ou elle) peuvent avoir des compétences complémentaires. Le couple le plus évident est celui de l'entrepreneur et du

---

1. D.A. Heenan, W. Bennis, *Co-leaders. The power of great partnerships,* New-York, Wiley, 1999.

gestionnaire, qui correspondent non seulement à deux rôles mais à deux profils : le premier a de l'ascendant, de l'ambition, un projet, une orientation vers l'action, le second a de la rigueur, de la prudence, de l'équilibre, de la ténacité. Un autre couple se partage les affaires extérieures, la représentation, l'image, alors que l'autre s'occupe de la vie interne. Un troisième couple distingue le chef avec sa figure symbolique, sa vision, alors que l'autre s'occupe des opérations, du fonctionnement quotidien, rend la performance possible. Enfin, le couple existe parce qu'ils s'aident et s'épaulent mutuellement : le dirigeant est seul et son co-leader, reconnu ou non comme tel lui sert de soutien, de punching-ball, de confident, voire de souffre-douleur...

> Souvent, le co-leader est celui qui sait avoir le courage de la vérité, la finesse de savoir quand la dire mais la détermination pour toujours en trouver le moment. »

Heenan et Bennis soutiennent que c'est un devoir pour les organisations de mettre ce type de structure en place. À y regarder de près, on doit reconnaître que ces couples existent dans la plupart des organisations, même si leurs titulaires n'en sont pas conscients ou ne l'admettent pas.

Se pose alors la question de l'identité de ces co-leaders. Qui sont-ils ? Cette fonction peut n'être qu'une étape : un marche-pied pour des co-leaders qui deviendront leaders, ou une marche sur la voie descendante pour d'autres qui se retirent progressivement. De manière plus intéressante, ce sont des personnes établies dans cette position et qui s'y trouvent très bien. À force de personnaliser le manager et d'en faire un modèle unique, on oublie que ces positions peuvent correspondre à certaines personnes qui préfèrent agir sans être sous les feux de la rampe, dans le confort de la discrétion mais le réconfort de la réalisation. Il y a une vie du management en dehors du leadership.

> Les co-leaders n'ont pas forcément l'ascendant et la volonté de direction ou de domination. »

Les co-leaders ne sont pas obligatoirement extravertis, mais leur équilibre personnel, leur considération des autres, leur intelligence sociale en font des personnages indispensables qui trouvent leur satisfaction en dehors de la notoriété et des premières places.

Pour Heenan et Bennis, des motivations particulières peuvent aussi expliquer leur situation. Certains sont dévoués à une cause qui leur paraît plus importante que leur position personnelle : ils se trouvent alors dans la position de pouvoir la faire avancer ; d'autres sont dévoués à une institution et voient dans le succès de celle-ci une image de leur propre réussite ; d'autres enfin se retrouvent dans la relation à une personne donnée, souvent le leader et valorisent cette relation et le pouvoir qu'ils exercent sur l'autre même s'il n'est pas publiquement reconnu. Les co-leaders ne sont pas que des leaders déçus, qui veulent seulement devenir calife à la place du calife. Ils ont des motivations propres, un sens de la réalisation personnelle qui ne correspond pas à celui du leader mais, plus que la majorité des autres, ils lui sont si proches. Il existe d'autres motivations que d'être premier, que d'être la figure symbolique du dirigeant omnipotent, celui qui est bien payé, celui aussi, pour reprendre des figures ancestrales de l'histoire que l'on savait châtier et oublier avec une cruauté aussi intense que la louange avait été inconsidérée, qui est bien châtiée.

Heenan et Bennis définissent quelques règles ou conditions pour être un bon co-leader. Ce n'est pas si facile. Paradoxalement, il faut avoir un ego très fort, une connaissance et une acceptation de soi suffisantes qui permettent de reconnaître son rôle, d'en voir les possibilités et les limites sans tomber dans l'envie, le ressentiment ou le sentiment de dévalorisation. Il doit également bien connaître son leader pour savoir s'il supportera la relation et saura intervenir auprès de lui à bon escient. Il doit avoir de la maîtrise de soi, un très grand équilibre. En fait, l'existence d'un co-leader rend le rôle du leader tellement plus facile que c'est lui qui devrait être reconnu et admiré.

« Les co-leaders nous donnent une leçon de management. La réussite n'est pas qu'une affaire d'hommes, mais aussi d'équipes, de couples. »

Heenan et Bennis considèrent qu'il est de la responsabilité des entreprises de s'occuper de ces co-leaders, de s'assurer de leur présence, de les aider à assumer leur rôle de manière plus efficace, voire même de créer une culture qui reconnaîtrait leur existence. Quoi qu'il en soit, ces co-leaders existent, les entreprises n'ont peut-être pas grand-chose à faire les concernant, d'autant plus que les bons et vrais co-leaders trouvent en eux-mêmes la motivation et la satisfaction que l'institution ne leur apportera jamais. Les leçons à tirer de cette réalité contre-intuitive du management est peut-être d'un autre ordre.

© Éditions d'Organisation

Vouloir recruter ou former des leaders survitaminés n'est probablement pas la seule manière de réussir. Même si la récente vague des start-ups nous avait ramenés quelques années en arrière en ne valorisant qu'un seul modèle de héros de l'économie, l'entrepreneur-leader, il faut bien reconnaître que les personnalités sont diverses : l'entrepreneur et le gestionnaire, l'extraverti et l'introverti, le créatif intuitif et le rigoureux pragmatique. Cette diversité peut même être efficace, pour peu qu'on la rende positive au lieu de l'ignorer. Enfin, en relativisant le leader technocratique de nos organisations rationnelles, l'anthropologie du chef, en remettant en valeur sa dimension symbolique qui a toujours été présente dans l'histoire, redonnera aussi leur place à tous les obscurs qui font, à défaut de représenter.

Attention aux équipes qui gagnent !

Les équipes sont souvent considérées aujourd'hui comme la base d'une organisation efficace, adaptée aux exigences changeantes des affaires et des opérations. Elles permettraient d'éviter les structures formelles perçues comme lourdes, peu réactives et peu ouvertes à une circulation rapide de l'information. Au contraire, les équipes permettraient de rassembler et d'intégrer les diverses compétences nécessaires à la réalisation d'une tâche ou d'un projet. L'industrie automobile avec ses équipes transversales a montré combien elle pouvait profiter de ce mode d'organisation pour réduire le temps de mise en œuvre d'un nouveau projet de véhicule. Mieux encore, l'équipe évoque le sport et le rêve de relations interpersonnelles satisfaisantes et stimulantes avec une bonne communication et une grande motivation de ses membres.

De manière assez classique, le travail de recherche effectué sur les équipes progresse en remettant en cause les naïvetés dont on peut être tenté de les affubler.

Le travail en équipe a donc été abordé de différentes manières. Certains ont cherché à déceler la prédisposition personnelle qui conduirait les personnes à travailler efficacement en équipe. En vain : plutôt que de rassembler des clones avec les mêmes dispositions, les équipes efficaces se caractérisaient plutôt par le fait que les membres y jouaient des rôles complémentaires comme ceux de l'organisateur, de l'apporteur d'idées ou de l'animateur. Il existerait donc des équipes idéales où les processus classiques de la tâche et des relations, processus technique et processus social, sont maîtrisés.

Une autre forme d'équipe idéale a été mise en évidence par Leavitt et Lipman-Blumen : les *hot groups*[1]. Il s'agit là d'équipes comme on en trouve souvent dans les projets avec deux caractéristiques principales : tout d'abord les membres sont totalement concentrés et dévoués à la tâche et à la réussite du projet ; souvent les personnes travaillent beaucoup, surinvestissement dans leur travail. La deuxième caractéristique est plus étrange : les personnes trouveraient dans ce travail un sens de réalisation tellement personnelle qu'il diffère d'une personne à l'autre. L'équipe pour les auteurs ne serait donc pas ce lieu fusionnel de communication, de relations interpersonnelles idéales et paradisiaques, de société gentillette où tout le monde s'aime et travaille bien ensemble. Au contraire, ils soulignent que les membres de l'équipe jouent surtout « perso » dans ce genre d'équipe, tellement chacun est concentré sur la tâche pour ses bonnes raisons personnelles.

Un article récent de Paul F. Levy[2] nous donne un autre moyen de sortir de la naïveté à propos des équipes : il ne suffit pas de constituer de bonnes équipes avec des compétences techniques, nous disaient les psychologues, il ne faut pas forcément avoir des personnes qui s'entendent bien dans de bonnes relations interpersonnelles sympathiques, nous disait Leavitt à propos des *hot groups*. Levy nous décrit encore un autre phénomène : des équipes compétences, efficaces, avec un excellent climat relationnel, de bons résultats, qui se mettent à mal tourner. C'est le *Nut Island effect*, du nom de cette agglomération du sud de Boston à l'entrée sud du port de la ville. L'usine de traitement des égouts de cette ville était très performante et autonome. Dotés de la confiance de tous, il leur arriva pourtant, en 1982, de rejeter dans le port quelques millions de mètres cubes de déchets non traités qui détériorèrent dramatiquement la qualité des eaux du port et des alentours. Comment des personnes aussi compétentes, avec une telle expérience, avaient-elles pu produire ce qui n'était pas un accident mais une véritable faute dans l'exercice de leur métier, avec les conséquences dramatiques qu'aucun ne pouvait ignorer ?

---

1. Leavitt, H., Lipman-Blumen. *Hot Groups,* HBS Press, 1999.
2. P.F. Levy, « The Nut Island Effect : when good teams go wrong », *in Harvard Business Review,* March 2001, p.-p. 51-59.

Levy, de manière très empirique, définit les cinq étapes de ce processus de fourvoiement suivi par cette équipe qui glisse progressivement d'une très grande performance vers des modes de fonctionnement tout-à-fait inefficaces et pervers.

Le premier stade, c'est une équipe très homogène, forte, compétente ; ses membres sont très impliqués et travaillent entre eux, isolés physiquement et/ou psychologiquement du reste de l'entreprise. Ils se constituent une forte identité de groupe qui peut se vérifier dans les modes de relation, voire d'intégration de nouveaux membres dans l'équipe. Cette situation peut s'expliquer parce que le management, confiant dans la qualité de l'équipe, se concentre sur d'autres missions à plus forte visibilité et délègue, voire abandonne, des missions et des tâches à cette équipe.

Au second stade, le management s'est tellement assuré et convaincu de la compétence de l'équipe qu'ils la tiennent pour acquise et n'entendent même pas l'équipe leur demander éventuellement de l'aide sur certains problèmes. Le fossé commence alors à se creuser entre le management, tellement convaincu et satisfait de la compétence de l'équipe qu'il ne l'écoute plus, et l'équipe elle-même qui développe progressivement un ressentiment à ne plus être entendu.

Au troisième stade, l'équipe a un sentiment croissant de profond isolement avec cette mentalité d'Astérix : c'est nous contre les autres. L'isolement devient même un facteur fort d'identité du groupe qui va tout faire pour le maintenir. L'équipe fait alors tout ce qu'elle peut pour rester en dehors du champ de vision du management, quitte à taire et cacher ses problèmes. Maintenant, ses membres ne reconnaissent plus leurs problèmes et le management est trop satisfait de prendre ce silence pour un signe d'efficacité.

Coupée de relations réelles avec le management, l'équipe, au quatrième stade, n'est plus confrontée au monde extérieur qui l'obligerait à tester et remettre en cause ses pratiques. Sans cette confrontation à la réalité extérieure, elle se met à créer ses propres règles dont le véritable résultat est de masquer une inefficacité croissante.

Tout est joué au dernier stade quand le management et l'équipe se sont constitué une image tellement déformée de la réalité que toute correction s'avère impossible. Il est maintenant trop tard pour intervenir et c'est alors qu'un événement extérieur, l'accident aux conséquences dramatiques, l'irruption de l'extérieur, vont venir révéler l'impensable, l'incompréhensible, l'inimaginable, comme cela a été le cas au moment de la catastrophe écologique dans le port de Boston !

Levy donne ensuite quelques indications pour tenter d'éviter ce processus fatal. La première qui vienne à l'esprit est, bien entendu, l'établissement d'indicateurs de performance qui fassent sans cesse le lien entre l'activité de l'équipe et des objectifs d'entreprise de façon à ce qu'elle puisse toujours situer le sens de sa mission dans celui plus large de l'entreprise. Le management doit aussi conserver une présence physique auprès de l'équipe, même quand tout va bien. Il faut aussi maintenir une relation réelle entre les membres de l'équipe et d'autres personnels de l'entreprise de façon à ce que l'équipe ne soit pas leur seul horizon. Enfin, il ne faut pas hésiter à établir comme règle l'intégration régulière de personnes de l'extérieur dans l'équipe, qui permet de limiter les risques d'instituer de mauvaises pratiques.

Ce processus nous met aussi en garde sur quelques aspects concernant les équipes. Une équipe est une petite société humaine. Elle n'est jamais stable mais animée de processus d'évolution qui méritent de l'attention. Une bonne équipe, compétente, efficace, avec une bonne entente entre des membres très impliqués, n'est jamais durable. Il faut donc s'en occuper. Deuxièmement, Levy insiste dans son analyse de la situation sur l'envie forte du management de ne plus s'occuper de l'équipe : une équipe performante, pour le management, c'est un soulagement, un vrai plaisir. On peut enfin travailler sur ce qui est véritablement important sans avoir à s'occuper de ces problèmes humains de direction d'équipe. C'est un tel rêve d'avoir des équipes efficaces une fois pour toutes, que l'on peut laisser vivre toutes seules, en pleine confiance.

> Toute personne dans une position de management ne s'interrogera jamais suffisamment sur cette envie de rêver que tout va bien et qu'il n'est enfin plus nécessaire de s'occuper des personnes. »

On savait depuis longtemps qu'il fallait faire attention aux équipes qui gagnent. Elles s'enferment dans des routines et leur attribuent la cause de la réussite, sans voir changer des conditions d'environnement qui rendent ces pratiques obsolètes. Satisfaites de leur mode de fonctionnement et de la qualité de leurs relations internes, elles se coupent progressivement du monde extérieur sans plus pouvoir en repérer les évolutions.

Ce que Levy pointe de manière plus intéressante, c'est le processus à l'œuvre chez le management qui rend cette défaillance possible. Faire fonctionner des équipes n'est pas toujours l'activité la plus valorisée par le management qui trouve son plaisir dans d'autres types d'action, voire dans l'urgence à s'occuper d'autres équipes qui ne fonctionnent pas aussi bien.

> Faire fonctionner des équipes n'est pas toujours l'activité la plus valorisée par le management. »

Avoir des équipes performantes, comme le requièrent les organisations d'aujourd'hui, ce n'est pas sous-traiter l'activité, ce n'est pas se débarrasser de la mission de management à des micro-sociétés auto-suffisantes, ce n'est pas non plus laisser à d'autres le souci de gérer les personnes, c'est au contraire se créer une responsabilité managériale d'un niveau de complexité encore supérieur.

131

Quand les petits chefs deviendront grands !

L'adjectif « petit » a souvent dans notre langue une connotation très péjorative, voire méprisante. Les « petits » boulots, le « petit » personnel sont autant d'expressions utilisées par ceux qui ont de « grands » boulots ou s'estiment appartenir au « grand » personnel. Le « petit » chef ne déroge pas à cette tradition ; l'adjectif intervient ici pour rendre encore plus péjoratif le terme de chef qui ne trouve plus guère de crédit que dans la « grande » cuisine. Au-delà du réflexe moderne de pousser un cri en faveur de minorités insuffisamment reconnues, plusieurs facteurs peuvent éclairer le phénomène.

Tout d'abord, le management, le « grand », est une affaire de personne : on connaît les patrons, les décideurs, les « stars » du business dont les décisions, la personnalité, le charisme devraient expliquer le succès des entreprises. Les affaires sont aussi un lieu de forte personnalisation ; elles n'ont d'ailleurs aucune raison d'échapper à ce mode de représentation du fonctionnement de notre société. Il est ainsi compréhensible que l'armée des inconnus et des tâcherons ne passe pas la rampe quand on décrit la vie des entreprises.

Cependant, les « petits » chefs n'ont pas seulement pour caractéristique d'être des anonymes au royaume des stars. On leur attribue aussi de nombreux et fatals défauts. Ils seraient résistants au changement, opposés à toute évolution ; ils freineraient les processus de restructuration et de changement nécessaires. Ils auraient aussi le triste privilège, ces « petits chefs », d'être souvent les causes du travail souffrant, harcelant, violent. Ils incarneraient sur leur « petite » personne toutes les perversités des relations humaines : autoritarisme, mesquinerie, insensibilité, manque d'écoute et de respect. Il est bien vrai que chacun en a rencontré de tels, pas uniquement dans le travail et dans les entreprises d'ailleurs…

En prenant un peu de recul vis-à-vis de ces lieux communs, il convient de reconnaître qu'après des transformations profondes des modes d'organisation, le management intermédiaire a acquis une position très originale dans les organisations. Premièrement, il continue de posséder une parcelle d'autorité dont la légitimité a certes été fortement ébranlée mais qui demeure : cette figure d'autorité constitue un élément de base du fonctionnement des organisations. Même si l'autorité n'a plus ou ne devrait plus avoir les mêmes fondements, ils sont encore le signe réel d'une part de structure, pas encore totalement éliminée dans des organisations plates et amaigries.

Deuxièmement, cette hiérarchie intermédiaire a un rôle de relais dans la mise en œuvre de la plupart des restructurations et des processus de changement. Une réorganisation d'un processus de production, la mise en œuvre concrète d'une opération commerciale ne peuvent se faire que si cette hiérarchie intermédiaire fait le lien nécessaire entre le plan et les opérateurs sur le terrain : il s'agit d'expliquer, d'organiser, de rassurer, de contrôler et quelle que soit la qualité du plan venu du siège, ce sont ces relais bien réels qui permettent aux événements de se produire. Ceci est évident quand il faut revoir un processus de production dans l'industrie mais tout aussi impératif quand le manager de base assure la réussite de la grande opération commerciale de l'automne dans un hypermarché. Ainsi, ces « petits » chefs sont des relais indispensables.

Les "petits" chefs ont généralement plus d'ancienneté : ils savent des choses que d'autres ne savent pas, qui peuvent être utiles aux "grands" chefs. »

Troisièmement, les « petits chefs » sont originaux par l'ancienneté et la durée. Dans la sphère du management aujourd'hui, c'est une caractéristique rare tant les grands managers sont mobiles, passant de plus en plus rapidement d'une fonction, d'une affectation à une autre. Ils n'ont que le temps d'auditer la situation de départ et de lancer un nouveau plan qui complétera leur « portefeuille » d'expériences personnelles. Mais ils n'ont pu s'imprégner de la connaissance profonde du terrain, ni développer l'intelligence du contexte. Mieux encore, ils savent des choses qui peuvent être utiles aux « grands » chefs, si ceux-ci ont l'humilité de savoir le reconnaître.

Une étude intéressante de Quy Nguyen Huy [1] tente de redorer le blason des « petits » chefs. Menée sur une période de six années elle a conduit le chercheur à de nombreuses observations sur le terrain et études de cas ainsi qu'à plus de 200 interviews en profondeur auprès de managers intermédiaires et supérieurs. Le thème principal de la recherche concernait le rôle de ces managers dans les situations de profonde restructuration et de changements organisationnels importants. Il apparaît alors que ces « petits chefs » semblent contribuer plus que cela ne leur est généralement reconnu – par leurs supérieurs et leurs collaborateurs – aux processus de changement en cours dans les entreprises. Ils joueraient même quatre rôles déterminants dans le succès de ces opérations.

Tout d'abord, ils seraient des « entrepreneurs ». En effet, ils ont – ô surprise ! – généralement de bonnes idées, pour la raison simple qu'ils sont proches du terrain, qu'ils y vivent tous les jours, avec l'intelligence des situations dans la durée. Mieux encore, dans les entreprises américaines où est effectuée la recherche, ces « petits » chefs ont des origines plus diverses (formation, parcours, ethnie, etc.) que parmi l'encadrement supérieur, et cette diversité crée richesse, créativité, ouverture ainsi qu'un anticonformisme qui peut s'avérer très utile dans des situations de changements. Leur ancienneté plus forte que celle d'un encadrement supérieur très mobile peut leur créer une image de « dinosaure » qui ne pousse pas à les écouter. Le chercheur note même parfois l'attitude des consultants, mieux écoutés par l'encadrement supérieur, qui ne font guère d'efforts pour mettre en valeur l'encadrement intermédiaire, bien au contraire... Les « petits » chefs comprendraient très bien la situation et feraient de leur côté bien peu d'efforts pour s'exprimer puisqu'ils savent ne pas être écoutés... Ainsi, ce sont des « entrepreneurs » peu reconnus pour leurs idées et leurs apports.

---

1. Quy Nguyen Huy, « In Praise of Middle Managers », *in Harvard Business Review,* Septembre 2001, p.-p. 72-81.

Ensuite, ces cadres seraient des « communicateurs ». Dans tout processus de changement, le plus difficile est la mise en œuvre et ces cadres s'avèrent plus compétents que quiconque pour faire passer le message, pour transformer les concepts et la méthodologie générale d'un changement en un message audible et utilisable par le terrain. Mieux encore, ce sont eux qui connaissent les réseaux et canaux pertinents de communication dans une organisation : leurs supérieurs ne sont pas assez anciens et sensibles pour avoir pu les découvrir. Ce sont eux également qui savent transposer les grandes lignes d'un changement, repérer et anticiper les difficultés, les points d'achoppement. Il ne faudrait pas en conclure qu'ils sont les seuls à disposer de réseaux ; même leurs supérieurs en ont aussi, mais la pratique de la gestion des carrières est telle que ces derniers ne concernent pas le terrain et ne s'avèrent pas toujours pertinent pour la mise en œuvre des changements.

Le cadre intermédiaire est également un « thérapeute ». En effet tous ces changements provoquent du stress, de la tension, de la douleur. On doit faire en sorte que ces processus se déroulent le mieux possible mais le traumatisme est inévitable. Pour le surmonter, il est nécessaire à chacun de pouvoir parler, exprimer ses doutes, ses peurs : ceci n'est pas suffisant, mais c'est nécessaire. Évidemment, les cadres intermédiaires ont un rôle capital à jouer pour créer cet environnement de sécurité : ils sont présents, ils représentent l'autorité, ils connaissent les personnes et leurs situations et leur action – bien menée – peut être d'un réel secours, même si elle n'est ni spectaculaire, ni même visible.

« Le cadre intermédiaire funambule sait souvent tenir ferme le balancier pour éviter la chute d'un côté ou de l'autre, c'est souvent un *problem-solver* qui sait remonter ses manches pour éviter le pire. »

Enfin, Quy Nguyen Huy nous décrit le cadre intermédiaire comme un funambule qui marche avec précaution sur l'étroite ligne de crête entre le chaos de trop de changement et la fossilisation d'une résistance trop forte. Les changements réussis paraissent toujours évidents et sont attribués au génie de leurs concepteurs ; l'incurable résistance au changement des autres expliquerait les changements ratés : la réalité n'est pas aussi simple et l'observation des processus de transformation, quand ils sont en cours, révèlent des déroulements chaotiques et incertains où l'on pourrait brutalement glisser du côté bouleversement incohérent ou de la crispation et de l'immobilisme.

Quels enseignements tirer de cette recherche ?

Le premier est général : le mépris n'est jamais bon conseilleur, et les évidences du management l'oublient souvent. Ces cadres intermédiaires sont sans doute plus importants pour les organisations que leurs supérieurs ne veulent bien le reconnaître (et leurs collaborateurs aussi). Sans doute les « grands » chefs devraient-ils être plus sensibles à l'existence de ce potentiel, plus attentifs à ne pas le perdre ni l'éroder.

Le deuxième enseignement concerne les cultures différentes de management qui semblent se mettre en place au niveau supérieur et au niveau intermédiaire : plus de mobilité pour les uns, plus de continuité sur le terrain pour les autres. Il ne s'agit pas de critiquer cet état de choses qui a ses raisons bien compréhensibles. Mais cela devrait inciter à accepter et valoriser cette différence d'approche de l'activité de management et faire attention de ne pas seulement reconnaître comme seul management « moderne », celui du surf et de la mobilité. Un sociologue créait récemment, en observant notre société, le concept de « bougisme »[1] ; il faut bien reconnaître que cette maladie nouvelle atteint aussi la gestion des carrières des cadres...

Le troisième enseignement, c'est qu'il faut conserver et développer encore l'engagement personnel que démontrent ces cadres intermédiaires : sans doute leurs modes d'appréciation et de reconnaissance devraient l'intégrer.

Enfin, il faudrait se rendre compte que les compétences des cadres intermédiaires ne sont pas seulement utiles pour mettre en œuvre les projets de changement décidés en haut lieu. Elles s'avèrent aussi indispensables à gérer le quotidien, en vitesse de croisière. À l'heure où les entreprises se posent des questions sur les évolutions du sens du travail, de l'implication et de la fidélisation des jeunes, qui seront les véritables artisans de cette intégration de nouvelles populations dans les emplois de demain sinon ces « petits » chefs qui sont en première ligne ?

---

1. P. - A. Taguieff, *Résister au bougisme,* éd. Mille et une nuits, 2001.

Managers et crise de soi

« Est-ce que je vis réellement la vie que je veux? »

Voilà une grande question que le lecteur aura plutôt intérêt à aborder au début qu'à la fin d'un long week-end. C'est le genre de question que se sont posé apparemment de nombreuses personnes après le 11 septembre 2001, quand le quotidien paraît si dérisoire face à l'impensable, à l'innommable, à l'absurde. Boyatzis, McKee et Goleman[1] montrent comment de tels événements conduisent la personne à s'interroger en profondeur sur le sens de son existence. Mais ils affirment aussi que même en l'absence d'événements aussi exceptionnels, ces interrogations peuvent survenir, sans être forcément exprimées mais néanmoins lancinantes, perturbantes. Il devient alors difficile de s'investir dans l'accomplissement des mêmes tâches, la poursuite des mêmes buts ou le développement de relations aussi fructueuses avec son entourage, au travail ou en dehors.

Plusieurs symptômes avertissent de l'irruption de ce phénomène. Pour les auteurs, les personnes ont parfois le sentiment de se trouver pris au piège de leur propre travail qui n'apporte plus le même sentiment d'accomplissement ; pour certains, c'est un profond sentiment d'ennui qu'ils n'osent pas toujours s'avouer car cela remettrait en question l'image positive qu'ils ont d'eux-mêmes ou qu'ils veulent avoir auprès des autres. D'autres encore réalisent progressivement qu'ils ne sont pas celui ou celle qu'ils voulaient être : soudain, leur quotidien ne corres-

---

1. R. Boyatzis, A. McKee, D. Goleman, « Reawakening Your Passion for Work », *in Harvard Business Review*, April 2002, p.-p. 87-94.

pond pas ou plus à ce qui était rêvé. La difficulté de mettre ses actes ou ses missions dans le travail en ligne avec son éthique personnelle est aussi une source de remise en question ; ces événements-là surviennent rarement de façon soudaine, mais il est un moment où les compromis paraissent trop difficiles à assumer. De manière plus positive, cette phase de remise en question prend la forme d'un appel, d'une vocation qui apparaît progressivement impérieuse et nécessaire, voire la prise de conscience que la vie est trop courte.

Dans une récente étude Sylvia Hewlett[1] donne une autre illustration de cette remise en question, parfois douloureuse, qui touche de très nombreuses personnes aujourd'hui. Son étude montre que le choix de nombreuses femmes cadres aux États-Unis de mener une carrière professionnelle active et réussie les a conduites à rester sans enfants. Elle voit là une profonde inégalité : ainsi, entre 41 et 55 ans, à peu près 40 % des femmes cadres (professionnelles et performantes) resteraient sans enfants contre seulement 20 % de leurs collègues masculins! Madame Hewlett note que les sujets de l'enquête en venaient parfois à s'excuser de vouloir tout, la carrière et la maternité. C'est dire, selon l'auteur, si les femmes sont contraintes d'avoir très tôt cette claire vision de leurs priorités dans l'existence pour pouvoir ajuster le mieux possible ce double choix qui reste encore si difficile à assumer dans nos sociétés.

Ces situations de doute sont donc fréquentes, compréhensibles. Elles n'en sont pas moins douloureuses ; elles concernent le travail, les ajustements avec la vie personnelle, elles sont surtout très humaines comme les psychologues du développement nous l'avaient montré depuis longtemps. Elles peuvent créer de la souffrance sans que pour autant on puisse se débarrasser du problème en en faisant responsable un quelconque bouc émissaire extérieur.

Un tel questionnement exprime une sorte d'insatisfaction qui assaille soudain la personne. Et plutôt que d'interroger l'environnement mauvais qui créerait cette insatisfaction, la profondeur des questions en jeu conduit à revoir la notion de « besoin », comme nous y invitent récemment deux ouvrages publiés de part et d'autre de l'Atlantique.

---

1. S.A. Hewlett, « Executive women and the myth of having it all », *in Harvard Business Review,* April 2002, p.-p. 66-73.

Aux États-Unis deux professeurs de l'Université de Harvard[1] se fixent l'objectif ambitieux de trouver des caractéristiques humaines universelles aux comportements humains, en interrogeant aussi bien les sciences humaines traditionnelles que les théories darwiniennes de l'évolution ou les neurosciences. L'ambition est grande de vouloir proposer une connaissance unifiée des caractéristiques universelles de l'être humain. Il m'est difficile de pouvoir apprécier la pertinence de beaucoup de ces références, mais l'idée est séduisante de chercher ce qui rendrait les humains semblables, et nos semblables humains, à l'heure où le conformisme est plutôt à la mise en valeur des différences.

Pour ces auteurs, les êtres humains auraient quatre besoins fondamentaux.

Le premier est celui d'acquérir, défini comme celui de rechercher, de prendre, de contrôler et de garder des biens mais aussi des expériences personnelles auxquels les personnes attribuent de la valeur.

Le second est le besoin d'établir des liens ; il est associé à des notions comme l'amour, le soin, la confiance, l'empathie, l'appartenance, l'amitié, la loyauté, le respect, le partenariat, l'alliance, etc.

Le troisième est le besoin d'apprendre. Les humains auraient un besoin inné de satisfaire leur curiosité, de savoir, de comprendre, de croire, d'apprécier, de développer par la réflexion des modes de compréhension ou de représentation de leur environnement ou d'eux-mêmes.

Enfin, ils notent le besoin de se défendre ainsi que ce qu'ils ont accompli à chaque fois qu'ils l'estiment en danger.

Au-delà de cette explication des besoins, qui se veut « transscientifique », cette approche a l'intérêt de mettre en évidence que ces quatre types de besoin doivent être satisfaits. Beaucoup de situations difficiles s'expliquent par l'oubli manifeste de l'un ou l'autre. Que dire de situations qui ne viseraient qu'à acquérir des choses nouvelles sans les liens sociaux ou dans l'obscurité d'un monde qui a perdu son sens ?

---

1. PR. Lawrence, N. Nohria, *Driven – How human nature shapes our choices,* San Francisco : Jossey-Bass, 2002.

Avec un vocabulaire, des référentiels et une argumentation bien différente, Jean-Baptiste Foucauld[1], ancien commissaire au Plan, président de l'association Solidarités nouvelles face au chômage et du club Convictions, propose une approche pour construire le développement humain dans une société qui doit enfin penser un véritable développement durable et solidaire. Ce dernier ne pourra s'opérer que si trois besoins fondamentaux sont satisfaits. Son objectif n'est pas, selon l'auteur lui-même, de définir des catégories anthropologiques mais plutôt des voies d'action « sur la réalité en mettant la personne au centre ».

Les premiers sont les besoins matériels. Pour les satisfaire, chacun doit pouvoir déployer une activité justement rémunérée, qui doit « contribuer à construire la personne ».

Les deuxièmes sont les besoins relationnels. Elles concernent « la famille, la vie associative, l'amitié, la convivialité ». Pour de Foucauld, leur satisfaction relève d'activités qui ne sont pas rémunérées et qui sont organisées par les personnes elles-mêmes. Ces activités relèvent de la logique du don où l'on donne, où l'on reçoit, où l'on rend[2].

Les derniers sont des besoins spirituels. On est là dans une dimension personnelle quand l'individu travaille à s'interroger sur lui-même, sur l'incommensurabilité de la question de la mort, sur le sens de la vie. L'expérience spirituelle ou artistique peut contribuer à essayer de satisfaire ce niveau de besoins.

Pour de Foucauld, toute politique menée dans nos sociétés complexes et fragiles ne devrait oublier aucun de ces niveaux de besoins et l'on peut se demander comment il n'en serait pas de même pour toutes les grandes expériences de la vie humaine, le travail par exemple.

Que faire ? L'article de Boyatzis donne des pistes à la mesure de ces articles de revues de management. Il faudrait savoir prendre du temps pour soi, ne pas craindre de se lancer dans des programmes de formation qui conduisent à s'interroger sur soi, se trouver des cadres de

---

1. J.-B. de Foucauld, *Les 3 cultures du développement humain,* éd. Odile Jacob, 2002.
2. Comment éviter aujourd'hui la lecture du magnifique ouvrage de M. Hénaff – *Le prix de la Vérité* (2002) – sur ces questions du don ?

réflexion (retraite, méditation, etc.) sans oublier l'inévitable recours à un coach, c'est-à-dire autant de pratiques relevant de ces résolutions de début d'année qui ne sont tenues que quelques jours…

De manière plus subtile, de Foucauld suggère, aussi clairement que le lecteur moderne peut le tolérer, l'usage de la « grammaire » des pratiques spirituelles et éducatives que l'on a utilisées durant des siècles.

Mais les véritables clés ne sont pas là. Il est évident que personne ne progressera à lire sur l'une ou l'autre de ces techniques. Les seuls qui avanceront sont ceux qui auront la chance d'être touchés par l'une ou l'autre de ces évidences.

Premièrement, tout n'est pas dans l'acquisition, beaucoup se trouve dans les relations : c'est un besoin. Le travail doit contribuer à le satisfaire, les organisations de travail doivent faciliter l'intensité et la richesse des relations qui s'y développent. Gare aux organisations du travail qui l'auront oublié pour vouloir faire de l'efficience à tout prix, ou tout simplement pour ne savoir dépasser les mauvaises volontés ou l'incompétence à mener ces relations.

> Les organisations de travail doivent faciliter l'intensité et la richesse des relations qui s'y développent. »

Deuxièmement, nos auteurs nous montrent que les relations, le travail sur soi ne sont pas qu'affaire de conviction ou de prise de conscience. C'est aussi une question d'exercice, de travail. Il n'y a pas que le « matériel » qui réclame du travail. De bonnes relations et une sérénité personnelle sont aussi le fruit de l'effort.

Troisièmement, on commence d'évoquer, à propos du fonctionnement de nos sociétés, des besoins spirituels : c'est un ancien commissaire au Plan qui le dit. La nouveauté n'est pas dans l'affirmation de ces besoins : nous le savions depuis des siècles. Elle est plutôt dans le fait que ce soit reconnu par des personnes qui sont totalement dans l'actualité et le pouvoir de nos sociétés : cela, c'est plus nouveau.

Finalement, tout cela pousse à l'optimisme : on va bientôt se rendre compte que le manager est un être humain !

La théorie du balai

Beaucoup d'entre vous, j'en suis certain, trouvent injuste l'indifférence manifestée à ce sport admirable qu'est le curling. Le tennis, le football, la Formule 1 envahissent les écrans et les chroniques sportives mais point de curling. Ce sport né en Ecosse il y a plusieurs siècles ne manque pourtant pas d'attrait et de source d'enrichissement pour la personne. Tout en ressemblant à notre pétanque traditionnelle il lui est pourtant supérieur comme le bordeaux grand cru l'est au gros rouge.

Au curling, les lanceurs doivent faire glisser une pierre de plusieurs kilos sur la glace pour la rapprocher le plus près d'un tee que le vulgaire appellerait « cochonnet ». Mais le lanceur n'est pas seul puisque des joueurs munis de balais peuvent frotter énergiquement la glace pour modifier le lancer initial et lui faire gagner jusqu'à quatre mètres.

Les équipes, dans ce sport, ne sont donc pas constituées de plusieurs lanceurs qui ont le choix entre tirer et pointer mais d'équipiers aux rôles différents : lancer et frotter, manier la pierre ou le balai. À l'heure où le sport est complaisamment devenu une source de métaphores pour le management – bien que cette tendance ait été sérieusement ralentie depuis la récente Coupe du monde de football –, il paraîtra donc évident d'y voir un puits intarissable d'enseignements managériaux.

Le rôle du balayeur s'avère essentiel, même s'il paraît moins noble à première vue que celui du lanceur. Il peut améliorer le résultat du geste du lanceur, donner plus d'amplitude à la trajectoire de la pierre. Mais il est également soumis à la progression de celle-ci qu'il ne peut toucher, heurter, voyant son terrain de « frottage » progressivement grignoté par l'avancée du granit.

Quelles comparaisons faire avec le management au-delà de la diversité des rôles joués dans l'équipe ? Le curling, à la différence de la pétanque, relativise beaucoup l'action du lanceur par rapport à celui de la pierre, lourde, et du manieur de balai. Le manager d'ailleurs ne devrait pas s'identifier au premier mais plutôt au second. Le véritable manager, en effet, n'est pas celui qui sait envoyer la pierre au plus près du tee mais plutôt celui qui facilite sa progression, donne de l'ampleur à la trajectoire et permet à la pierre d'atteindre son but.

Le management au quotidien, c'est manier le balai au fur et à mesure de l'avancée de la pierre : l'action dure beaucoup plus longtemps que l'exploit fugitif du lancer. Elle est plus limitée que celle du lanceur parce que le balayeur ne peut pas tout faire : il ne peut toucher la pierre, il peut aider et faciliter mais pas corriger l'impulsion initiale. Elle est également plus fatigante et modeste, requiert plus d'expérience et d'adresse que de force ou d'impétuosité.

Effectivement, on constate que le manager rêve souvent d'être plutôt lanceur : il imposerait un lancer parfait à la pierre pour lui faire atteindre son but, il aurait toute puissance sur la situation, en utilisant son art, sa force et sa compétence de changement. Il interviendrait directement sur la pierre qui n'a que son poids pour résister. Quant au balayeur, il n'intervient pas sur cette pierre, il lui prépare le terrain, facilite la glisse, imprime de légères inflexions à la boucle de la trajectoire (*to curl*). Besoin d'énergie, impossibilité de toucher la pierre ou de recommencer l'action dont il n'est pas maître, ce sont des caractéristiques bien voisines de ce qu'est, raisonnablement le management au quotidien.

« Le développement des personnes, au sein des organisations, est un souci constant des managers. »

La métaphore du balai est finalement assez belle. Elle évoque le souci si souvent exprimé du développement des personnes au sein des organisations. Celle-ci paraît si évidente et positive qu'elle a même fourni la dénomination de nombreux services chargés de la gestion du personnel. Pourtant le développement des autres est un travail difficile : il ne s'agit plus de satisfaire mais de développer et chacun comprend aisément que les deux ne vont pas forcément de pair. Le plus souvent le développement de soi ne se résume pas à la soumission aux inclinations personnelles mais à un effort certain. De l'autre côté, de nombreux managers semblent être torturés par la nécessité de satisfaire les personnes plutôt que de les développer.

Celui qui tient le balai essaie de faciliter ce développement, il ne laisse pas la pierre aller son cours naturel ; il lisse la glace pour que, par elle-même, la pierre aille où elle n'aurait jamais pu parvenir par son impulsion initiale. Faire glisser la pierre où elle n'envisageait même pas de pouvoir se rendre, voilà une belle image du développement : ce n'est pas laisser faire mais manier le balai avec énergie ; ce n'est pas manipuler la pierre non plus.

Au-delà d'une remise en cause de cette notion de développement, la théorie du balai peut aussi conduire à revoir certaines pratiques ou objectifs des relations humaines ou du management.

Si je ne fais que lisser le terrain en chauffant la glace par le frottement du crin, je ne suis plus dans l'illusion d'imaginer pouvoir motiver ou impliquer les personnes. C'est pourtant le désir et les objectifs de tellement d'actions de gestion des personnes !

Le manieur de balai ne peut que créer les conditions nécessaires à l'implication des personnes : il veillera à ce que le monde du travail soit toujours compréhensible et compris, que le quotidien du travail vaille toujours le réveil-matin, que chacun puisse enfin *Les personnes s'impliquent, mais on ne peut pas les impliquer. »* s'approprier sa situation de travail. Ce sont là les conditions nécessaires de l'implication. Elles demandent moins de pousser la pierre que de veiller à sa propre exemplarité.

Dans cette même veine, le *coaching* ne dérive pas vers un simple lieu d'écoute, voire distribution de conseils que personne ne suit généralement. C'est plutôt le travail difficile consistant à faciliter le progrès de l'autre, sa propre démarche de croissance. Seules les personnes peuvent suivre le chemin du développement personnel, personne ne peut le faire à leur place : beaucoup de coachs ou de « coachés » devraient l'intégrer. Pour ce faire, le manager doit moins donner des conseils que s'assurer qu'il comprend les problèmes, soutenir alors le développement de la réflexion et du travail sur soi par de bonnes questions, un soutien réel, une vraie empathie. Certes, c'est moins brillant que de faire un cours sur ce que l'autre devrait être mais plus efficace.

Une troisième illustration de l'utilité de la théorie du balai concerne cette idée, de plus en plus souvent rencontrée, selon laquelle il faudrait « donner » du sens. Notre monde l'aurait perdu, il faudrait lui en donner un nouveau. Formulation amusante : il doit même exister des consultants spécialistes du « don du sens ». C'est une nécessité d'agir et de vivre avec du sens ; il en existe d'ailleurs toujours, même s'il n'est pas perçu, si l'on n'en est pas conscient ; ce n'est pas toujours celui que les autres voudraient avoir. De toute manière, cela se développe, s'entretient, se construit collectivement mais en aucun cas ne se donne. L'idée même de « donner » du sens aux autres peut faire frémir, même si ces formules sont plutôt utilisées par naïveté que par méchanceté. Plutôt que de donner du sens, la théorie du balai nous montre qu'il faut regarder la réalité et savoir amplifier, dans le mouvement d'un lancer, l'impulsion positive dont on facilite l'accomplissement par le frottement vigoureux de la glace.

L'application de la théorie du balai rencontre cependant de nombreux obstacles. Le premier, c'est que les autres réclament souvent que l'on fasse des choses pour eux, comme le montre si bien John Steinbeck[1] :

— « *Ma chère amie, dit la nonne, es-tu venue me voir pour un conseil ou pour te plaindre ?* »

— « *Pour un conseil bien sûr. Je ne me plains jamais* »

— « *Naturellement* », *dit Sœur Hyacinthe, et elle poursuivit délicatement,*

— « *J'ai connu beaucoup de gens qui demandaient conseil, peu qui les voulaient vraiment et aucun qui les suivait. Toutefois, je vais te conseiller.* »

— « *S'il vous plaît* », *dit Marie avec quelque distance.*

Le second obstacle vient du manager lui-même. Il rêve, comme tout le monde d'ailleurs, de changer les comportements de l'autre, surtout qu'il est persuadé de le faire pour son bien, celui de l'entreprise, etc. La vie sociale serait tellement belle si l'on pouvait changer les autres ! Il y en a tant qui ont essayé de faire le bonheur des autres malgré eux.

------

1. J. Steinbeck, *The short reign of Pippin IV.*

C'est sans doute la première illusion dont il faut faire le deuil, si l'on veut réellement assumer ses responsabilités dans la vie sociale. Ce n'est visiblement pas le plus facile.

Une dernière remarque pour sacrifier à l'engouement pour le management interculturel. Au curling, le balai écossais, utilisé en Europe, est en crin alors que le canadien, plus utilisé en Amérique du Nord, est en paille de riz. Chacun mesurera la différence, mais avouons que cela ne change pas grand-chose à l'usage et à la fonction du balai. Il en est souvent ainsi dans les choses humaines.

Leadership :
l'être et le faire

On n'aura probablement jamais fini de réfléchir et d'essayer d'agir sur le *leadership*. Il ne concerne pas seulement l'exercice d'une fonction emblématique à la tête des organisations, mais revêt encore de nombreuses autres déclinaisons tout au long d'une ligne hiérarchique. On demande d'être leader à de plus en plus de gens dans les organisations, depuis l'assistant-manager d'une unité de livraison de pizzas jusqu'au responsable d'une *business-unit* ou d'une équipe transversale dans l'industrie automobile.

De ces leaders, on attend l'exercice d'une fonction consistant à donner des directions, animer, contrôler, faire en sorte que s'opère la magie d'une action collective efficace. Les discours sur le leadership envisagent à ce propos deux questions de fond.

La première a trait aux missions attendues de l'exercice de cette fonction. Ce n'est sans doute pas un hasard que des structures plus plates, avec moins de niveaux hiérarchiques et plus d'autonomie dans l'exercice du travail, rendent plus aigu encore le besoin d'un leadership capable de conduire des activités et des personnes dans le cadre de ce contexte flou.

La seconde question consiste à chercher ce que le leader doit faire. Les ouvrages de management sont remplis de conseils utiles en la matière. Ils concernent la communication avec les autres, l'analyse des situations, la résolution des conflits, la négociation, etc. Dans chacun de ces domaines, il existe de nombreux conseils efficaces, des pratiques, des façons de faire qui paraissent les plus appropriées. Certains ont donné des conseils assez généraux (sur la communication ou l'*empowerment*, par exemple). D'autres ont des visées plus contingentes : ils tendent à conseiller des attitudes et des comportements de *leadership* adaptés à des situations réelles ; le leader est vu comme quelqu'un qui peut adapter ses actions à des situations. D'autres, enfin, voient dans le *leadership* le résultat d'un fonctionnement de groupe : en travaillant ensemble, les personnes font émerger le rôle d'un leader qui a gagné la possibilité d'exercer cette fonction d'entraînement auprès des autres.

Cette formulation du problème du *leadership* a de grands avantages puisqu'elle fournit des clés d'amélioration des compétences dans l'exercice du *leadership*. On n'a pas cessé de travailler sur le leadership dans la perspective de savoir comment recruter des profils de leader et comment développer leurs compétences. Il est bien rassurant de savoir que l'exercice de la fonction de leader peut être amélioré, que l'on peut faire mieux ou moins mal dans sa pratique quotidienne. Tous ceux qui ont suivi de telles formations ont appris des choses : toutes les discussions dans les entreprises, l'observation des processus de changement et l'observation des attitudes individuelles montre ces acquis : chacun a appris, plus ou moins bien, plus ou moins vite, à traiter les principales situations de management qui lui sont imposées. Il est d'ailleurs curieux de voir tant de scepticisme face à ces apprentissages : sans doute l'âge et l'expérience permettent-ils de faire des comparaisons avec la situation d'il y a seulement quelques années.

Il est vrai aussi que le *leadership* donne lieu à quelques fortes déceptions. C'est la déception des entreprises qui voudraient avoir « plein de leaders », avec parfois des définitions peu claires d'ailleurs de ce qu'elles entendent par leader. Elles voudraient que les compétences s'acquièrent plus rapidement, que les managers soient plus performants dans leur capacité à diriger, entraîner. Mieux encore, les organisations sont tellement mises sous pression, avec des objectifs de plus en plus clairs, mais difficiles à tenir, des structures plus plates qui exigent tellement des personnes qu'elles ont tendance à beaucoup attendre des personnes en charge, qu'elles donnent une vision tout en s'assurant du contrôle rigoureux des opérations quotidiennes...

Un article récent nous apporte une autre approche de ce problème éternel du *leadership*[1]. En un mot, les auteurs, observateurs depuis des décennies du *leadership* dans les organisations, mettent en évidence dans le *leadership* ce qui est de l'ordre de l'ÊTRE plutôt que du FAIRE. Pour les auteurs, la qualité suprême du leader est sa capacité à faire face à l'adversité. L'article prend de nombreux exemples où les compétences de *leadership* de la personne se sont développées, voire même révélées dans leur capacité à réagir à une situation difficile, une de ces situations qui aurait pu tout aussi bien la détruire et l'« annihiler » si l'on peut se permettre ce mot. On parle, par exemple, de ce manager ayant dû subir les préjugés (qu'ils soient racistes, sexistes ou générationnels) de celui qui a vécu une expérience de lourd échec, d'insupportable injustice, etc.

Dans ces situations qui surviennent comme des *defining moments*[2], ces personnes savent imaginer des moyens de traiter cette expérience personnelle difficile, elles parviennent à faire face à la situation dans le long terme et la longue durée, elles savent reconstruire l'expérience d'une manière qui leur donne positivement de la capacité à réagir et à retirer du positif de cet événement difficile.

> La qualité suprême du leader est sa capacité à faire face à l'adversité. »

Cette expérience sert alors à la personne de véritable moment transformateur dans lequel elle modifie la conception de son identité ; elle lui permet d'évoluer dans ce qu'elle croit d'elle-même. Sans vraiment expliquer comment ce processus peut se développer, les auteurs définissent quatre qualités que leur paraissent réunir les personnes qui surmontent et exploitent ces moments cruciaux qu'elles rencontrent.

Ainsi, de manière plus générale, le *leadership* exigerait quatre qualités révélées par les personnes de leur échantillon.

La première concerne leur capacité à engager les autres dans une vision partagée : cela consiste non seulement à faire des choses mais à développer une vision commune des situations qui est la source d'une action renouvelée.

> Le leader a la capacité d'engager les autres dans une vision partagée. »

---

1. W.G. Bennis, R.J. Thomas, *Crucibles of leadership,* HBR, sept. 02.
2. J.L. Badaracco, *Defining moments,* Harvard Business School Press, 1997.

La deuxième qualité serait de savoir faire entendre, au sens propre et figuré, leur voix d'une façon telle qu'elle soit entendue et « impliquante » pour les autres. Cette qualité rejoint alors ce que d'aucuns ont déjà remarqué, même si les ouvrages de management l'avaient omis : le *leadership* est aussi un art dramatique parce que la parole, comme l'avaient très bien vu et développé les anciens, est force de changement.

> « Le leader sait faire entendre, au sens propre et figuré, sa voix d'une façon telle qu'elle soit entendue et "impliquante" pour les autres. »

La troisième qualité du *leadership* concerne une certaine intégrité. Le leader possède des valeurs fortes qu'il s'est forgées lui-même dans cette expérience forte, dans ces expériences « transformatives » dont nous parlions plus haut : il n'a pas seulement lu dans les livres d'éthique de quoi enraciner ses convictions et agir en conséquence mais procédé à un réel travail sur lui-même.

La quatrième qualité concerne cette fameuse capacité d'adaptation, cette créativité à surmonter l'adversité, ou, mieux encore, à la transcender pour reconstruire une nouvelle identité à partir de ce qui deviendra cette expérience fondatrice. Pour les auteurs, cette dernière qualité revêt deux composantes principales. D'une part, il s'agirait de bien saisir le contexte, au-delà de ses apparences les plus évidentes, de mettre en perspective des événements pour ne pas se laisser enfermer par eux, dans leur séduction de l'instant. Il y aurait aussi une certaine rigueur, voire « dureté », comme le disent les auteurs. Cette robustesse permet au leader de faire montre de persévérance et de force de conviction permettant de se sortir des situations qui pourraient être dévastatrices autrement.

> « Le leader possède des valeurs fortes qu'il s'est forgées lui-même dans son expérience. »

Ce genre d'approches réalisées sur des échantillons de leaders actuels, mettant en perspective des situations humaines réelles, a toujours beaucoup d'intérêt, même si elles sont rarement généralisables : elles dénotent de façons actuelles de penser le problème du *leadership* dont nous connaissons l'importance. Mais de telles idées ne manquent pas de surprendre. On se souvient en effet de toutes les premières recherches sur le *leadership* dans les organisations, souvent effectuées sur des échantillons d'officiers. On cherchait alors des caractéristiques personnelles qui auraient permis de prédire l'efficacité des leaders. Ces recherches sont bien lointaines et ont été balayées par des approches plus « situationnelles ». Assisterait-on au retour d'une vision plus intrinsèque du *leadership*, se référant à des caractéristiques personnelles profondes ?

Il est difficile de répondre à cette question, mais disons qu'au moins de telles recherches aujourd'hui vont peut-être repousser le curseur sur ce que sont les leaders plutôt que sur ce qu'ils font. Se posera alors immédiatement le problème de la connaissance de soi, du travail sur soi, de cet apprentissage personnel permettant de mieux vivre une vie personnelle, de mieux se confronter aux situations et à l'autre.

Un ouvrage récent permet sans doute de mettre un peu d'eau à ce moulin. Pierre Hadot[1] reprend la tradition antique des exercices permettant la perpétuelle remise en question de notre rapport à nous-mêmes, au monde et à autrui. Hadot parle bien d'exercices, de pratiques, d'apprentissages qui devront peut-être pouvoir se faire dans les entreprises puisque ce n'est pas fait ailleurs, puisque cela devrait renforcer les compétences d'exercice de la fonction de leader. Le *leadership* redeviendra donc un objet de compétence plutôt que de conviction, et l'on reconnaîtra humblement qu'il peut s'apprendre par un travail sur soi qui n'est au fond, pour le philosophe, celui qui aime la sagesse, qu'une manière de vivre plus humaine.

---

1. P. Hadot, *Exercices spirituels et philosophie antique,* éd. Albin Michel, 2002.

Management
de proximité :
les fausses économies

L'existence d'un chef, la relation plus ou moins facile avec lui ou elle est souvent un trait majeur de son expérience quotidienne de travail. Il n'est guère de domaine d'activité, que ce soit l'atelier, l'association, le club sportif ou le régiment, où la relation au chef, à la hiérarchie, au responsable, au manager ne soit pas centrale. La diversité des dénominations ne change pas grand-chose à la situation.

C'est même un élément déterminant de la qualité de ce quotidien. On se souvient de ceux qui nous ont appris, ouvert des perspectives, on se souvient aussi de ceux qui nous ont gâché la vie. Il n'est pas rare de voir reconnaître que l'on est resté dans un poste pour son chef ; on l'a souvent quitté pour la même raison.

Pour appréhender l'importance de cette relation managériale, il ne faut jamais dissocier deux de ses caractéristiques. La première est que le management est une fonction nécessaire si l'on observe les caractères universels de l'organisation des activités humaines. Définir le travail, l'organiser, contrôler sa réalisation en sont les aspects les plus visibles. L'information, la réponse aux attentes des personnes en est un autre. La présence d'une figure d'autorité dans un monde souvent complexe en est probablement une dernière. Mais il est bien certain, quels que soient la forme et le vocabulaire, que le management correspond à une fonction qui doit nécessairement être assumée dans les groupes. Bien entendu, les époques, les contextes sociaux et les caractéristiques des organisations font varier ses conditions d'exercice.

Il est un autre élément que les psychologues et anthropologues sauraient plus pertinemment évoquer à propos du management. La personne vit, et parfois organise son développement, avec quelques figures d'autorité, les textes les plus anciens sur l'histoire de l'homme l'ont toujours répété. Celle du père et celle du chef ne sont pas les moindres, même s'il faut se garder de les identifier. Ainsi, la relation à la figure d'autorité dans les organisations relèverait aussi de ces universels anthropologiques. On pourrait même se demander si le quotidien assez chagrin vis-à-vis des formes d'autorité qui sont les nôtres ne relève pas aussi d'un genre obligé. Finalement, un chef que l'on critique, cela aide aussi à vivre...

Beaucoup d'entreprises rencontrent la difficulté de trouver des personnes réellement aptes à assumer ces fonctions de management. Certes, beaucoup veulent le statut associé aux positions de management mais apprécient moins l'activité même de gérer des personnes. Le management, dans son acception la plus basique de direction d'une équipe de collaborateurs directs, n'est pas qu'une affaire de convictions, c'est aussi une question de compétences et de goût. On a besoin de savoir faire, ou du moins de maîtriser quelques savoir-faire indispensables. On a également besoin d'aimer cela, de trouver quelque plaisir et satisfaction à la relation, à l'autre finalement. Il est dommage que ces questions anthropologiques de base ne soient pas plus présentes dans les réflexions sur la gestion du personnel.

« La difficulté à trouver des personnes aptes à maîtriser cette fonction de management n'est pas sans lien avec une image pas toujours positive de l'exercice de l'autorité. »

Le terme même de chef est, hormis en cuisine, devenu assez péjoratif au point qu'il n'est plus nécessaire de l'affubler de l'adjectif « petit »... On entend si souvent s'exprimer la satisfaction de certains cadres à ne plus avoir à assumer des activités de management direct pour pouvoir réellement se consacrer... au travail, l'exercice solitaire d'une expertise ou d'une technicité.

Il n'est donc pas aberrant de penser que, plus ou moins consciemment, d'aucuns pourraient avoir envie de faire l'économie de l'activité de management. Comment se passer de cette fonction, comment éviter ces formes traditionnelles de l'autorité qui ne paraissent correspondre ni aux attentes des personnes managées, ni à l'envie des managers.

Quelques formes de travail illustrent le souci de faire l'économie du management traditionnel, de la relation managériale dans ce qu'elle a de plus banal. Plus précisément, quatre aspects du management tentent d'être économisés.

Les managers coûtent cher. Ils passent du temps à exercer leurs missions. Peut-on s'en dispenser ? On a beaucoup réduit le nombre d'échelons hiérarchiques pour ce faire. On a créé des formes d'organisation dans lesquelles on s'attendait à ce que la personne soit guidée uniquement par le seul souci de réaliser ses objectifs sans avoir à interagir avec une autorité quelconque. L'idée d'une organisation dans laquelle chacun saurait exactement ce qu'il doit faire et comment le faire, une organisation où les personnes feraient effectivement ce qu'elles doivent, et même mieux, est assez banale. Il ne suffit pas de le vouloir pour que cela se réalise. Certes, dans des secteurs comme le service de proximité par exemple, on travaille à normaliser et standardiser la prestation fournie de façon à garantir le contrôle de l'action de chacun par les process et les systèmes, mais cela ne suffit pas. On peut décréter de telles organisations, mais leur succès dépend de deux facteurs.

Le premier, c'est d'avoir des personnes responsables. On trouve dans toutes les études un fort désir d'autonomie, il ne faut pas le confondre avec un goût des responsabilités ; on trouve un goût pour le statut et les attributs du pouvoir qui ne préjuge pas de la capacité à assumer des responsabilités dans un contexte où la relation managériale est plus rare.

Le second, c'est un fort besoin d'implication de la part des personnes. Celle-ci ne se décrète pas, mais se construit : il ne suffit pas de « donner » de l'autonomie pour que l'implication suive nécessairement.

La relation interpersonnelle dans le management **est coûteuse** également. Elle coûte en temps et en énergie. Elle peut représenter une charge difficile à supporter tellement le contenu émotionnel et affectif est complexe et envahissant. Certaines situations de travail pourraient laisser croire que cette économie est elle aussi possible. On s'intéresse depuis quelque temps à la catégorie des professionnels, des personnes fortement engagées dans l'exercice d'un métier, dans la maîtrise d'une technicité. La forme la plus exacerbée en serait les « divas » que des institutions comme les hôpitaux, les groupes de presse, les institutions d'enseignement ou les organisations culturelles connaissent bien. Ces personnes seraient tellement centrées sur leur compétence distinctive, elles auraient un travail tellement peu fongible que toutes les fonctions du management en seraient facilitées. En fait, l'expérience montre que, même si elle n'est pas reconnue, la relation managériale est tout aussi nécessaire dans ces situations. Elle est même rendue plus difficile puisque apparemment ces professionnels ne reconnaissent pas leur chef dans leur système de valeurs professionnelles. Comme l'ont très bien montré Leavitt et Lipman-Blumen[1], les leaders de ces groupes doivent encore plus s'investir dans la relation même si les salariés sont des solitaires dans l'exercice de leur activité. Ces professionnels ou ces divas, solitaires et peu demandeurs de relation managériale fonctionnent d'une manière telle que la cohérence du groupe exige des chefs qu'ils consacrent encore plus d'attention à ce qui se passe au niveau relationnel.

Les différences de statut sont parfois difficiles à accepter. Les organisations par équipes, par groupes de projets, peuvent donner l'illusion que l'on a enfin résolu le problème. Dans des groupes de projet par exemple, l'animateur, responsable provisoire, semble devoir exercer un minimum de relation managériale : les membres du groupe ont été choisis en fonction de la complémentarité de leurs compétences nécessaires au projet. Chacun se retrouverait donc avec une relative égalité de statut pour mener à bien la tâche.

En fait, même provisoire, toute organisation requiert des choix, des décisions, de l'animation et le responsable d'un groupe de projet se trouve comme tout autre manager dans la situation de devoir gagner de la crédibilité, de la reconnaissance lui permettant d'exercer réellement sa fonction. On reçoit toujours son pouvoir de ceux que l'on est censé diriger...

Plutôt que de les exonérer de la différence de statut, les organisations provisoires, les équipes ou groupes de projet obligent leurs responsables à gagner, au-delà de leur désignation, la crédibilité qui leur est nécessaire, comme tout autre responsable...

---

1. H. Leavitt, Lipman-Blumen, *Hot groups,* 1999.

Curieusement, on voit se développer le discours selon lequel certains personnels, les jeunes cadres par exemple, devraient prendre en main leur carrière, se débrouiller par eux-mêmes. Il est difficile de comprendre, entendu même, au sein des entreprises, pour étrange que cela puisse paraître. Il relève cependant de cet espoir que les personnes, en « se gérant » elles-mêmes, n'attendraient pas trop de l'entreprise…

D'ailleurs, le management à distance peut relever de cet espoir. Les personnes travailleraient chez elles ou en dehors de l'entreprise. On ne parlerait plus de relation de travail mais seulement de connexion de travail. Imaginer des personnes éloignées de l'entreprise et qui se passent donc de la relation managériale au quotidien relève toutefois d'une belle illusion.

Cette dernière occasion d'économie perdue est sans doute la plus importante. On peut comprendre que les organisations veuillent se débarrasser d'une activité difficile à mener efficacement. Toutefois, elles ne sont pas seules à pouvoir le décider, le gros problème du management c'est qu'il remplit aussi une fonction pour les personnes et pas seulement pour les organisations. Le management de proximité, c'est le service des autres, de ceux qui sont dirigés et pas seulement de l'organisation. À trop oublier ces réalités de base, on peut laisser s'installer de funestes illusions.

> Qu'on le veuille ou non les personnes dans les organisations ont des attentes concernant leur propre situation personnelle et leur manager est souvent considéré comme celui qui peut les aider à satisfaire ces attentes. »

Épilogue

La tranquillité
du manager

Nous sommes quotidiennement harcelés par les petits ennuis, particulièrement nombreux dans la vie de travail. Complexités techniques, difficultés relationnelles, vivre au travail n'est pas ce long fleuve tranquille que racontent les *success-stories*. La mission de management est particulièrement ardue : tenir compte de la variété des caractères, mettre en valeur les qualités des personnes, mais aussi tolérer leurs défauts n'est pas de tout repos et la plupart des conseils et techniques de management s'avèrent souvent plus aptes à expliquer la réalité qu'à en résoudre les difficultés. Comment faire pour dépasser les problèmes, les mesquineries, les perversités, les lâchetés de la vie quotidienne au travail ? Comment faire surtout pour recouvrer cette tranquillité, que les vacances avec leurs foules et leurs embouteillages n'ont peut-être pas suffi à régénérer ? À voir le stress, les angoisses, les insomnies ou les insatisfactions de nombreux managers, y compris (surtout ?) dans la fonction personnel, la quête de la tranquillité paraît être une étape du bonheur, du moins du mieux-vivre.

Bien à propos, les Éditions 1 ont sorti récemment un ouvrage composé de très nombreux « morceaux » de sagesse de Confucius à Nietzsche en passant par Epictète, Montaigne ou La Rochefoucauld pour trouver cette tranquillité[1]. L'ouvrage offre des citations d'une grande variété d'auteurs pour « être tranquille face à soi-même » ou « être tranquille en société ». Chacun peut y trouver son miel, que ce soit pour le bon

---

1. *Le Livre de la Tranquillité*, présenté par Olivia Benhamou, Éditions 1, 2001.

usage du temps, l'amour-propre, la gestion de son destin et de ses revers ou les attitudes face à la colère et au malheur. On peut aussi avoir intérêt à réfléchir sur l'amitié, la diplomatie, la difficulté des rapports entre les hommes, l'opinion d'autrui ou encore l'homme et le travail.

Voici quelques-unes de ces bribes de sagesse éternelle, bien adaptées aux problèmes du management et de la vie collective au travail.

Pour certains, les vacances n'y font rien, la douceur de l'été ne parvient pas à les extraire de leurs réflexions et soucis de travail ; les décisions prises sont ressassées, celles à venir appréhendées. C'est vrai en plein mois d'août, mais aussi durant l'année quand les regrets du passé et les peurs de l'avenir ne laissent jamais assez d'attention pour vivre le présent.

Pascal a une belle pensée pour eux :

« *Que chacun examine ses pensées, il les trouvera toutes occupées au passé et à l'avenir. Nous ne pensons presque point au présent ; et, si nous y pensons, ce n'est que pour en prendre la lumière pour disposer de l'avenir (...) Ainsi nous ne vivons jamais, mais nous espérons de vivre ; et, nous disposant toujours à être heureux, il est inévitable que nous ne le soyons jamais.* » (Pensées).

Il faut dire que ces longues divagations jamais ancrées sur le présent concernent souvent ce qui paraît à beaucoup le plus important, c'est-à-dire leur carrière ou, plus vulgairement, le coup d'après... Savoir relativiser la carrière, c'est ce que Gracian conseille dans *L'Homme de cour* (dont on ne saurait trop recommander la lecture entière) :

« *Si l'on entre par la porte du plaisir dans la maison de la fortune, l'on en sort d'ordinaire par la porte du chagrin ; ainsi du contraire. L'habileté est plus à en sortir heureusement qu'à y entrer avec l'applaudissement populaire. C'est le sort commun des gens fortunés d'avoir les commencements très favorables, et puis une fin tragique.* »

Il est vrai que la vie de tous les jours n'est pas toujours aussi rose qu'on le voudrait. La réalité ne rejoint que rarement l'idéal espéré. Si chacun a le droit de rêver à ce que devrait être le bureau et l'usine, il dispose aussi de plus ou moins de compétences à accepter qu'il soit ce qu'il est et les conseils qui suivent seront sans doute difficiles à transformer en résolutions :

« *Il ne faut pas s'irriter contre les choses, car elles ne s'en soucient pas.* »
Euripide, *Fragments* : voilà un conseil que vous réutiliserez pour les
autres dès la rentrée à défaut de pouvoir en faire votre propre miel.
Accepter les choses et les aborder sereinement, ce n'est pas tant le fruit
d'une résolution que d'un travail sur soi. Qui est-on ? Que veut-on ?
Qu'est-ce qui est vraiment important dans cette vie de travail qui nous
occupe finalement beaucoup les émotions ? L'effet qu'a sur nous l'existence quotidienne est plus à expliquer par nous-mêmes que par la
malice de ces événements :

« *Les biens et les maux qui nous atteignent ne nous touche pas selon leur
grandeur, mais selon notre sensibilité.* » La Rochefoucauld, *Maximes.*

« *Nul ne peut te léser, si tu ne le veux point, car tu ne seras lésé que si
tu juges qu'on te lèse.* » Epictète, *Manuel.*

Travailler à mieux se connaître, à s'accepter, voire s'aimer – ce
qu'auraient pu enseigner toutes les grandes traditions spirituelles et
éducatives –, ce n'est pas un confortable repli sur soi parfois tentant,
quand les relations avec les autres au travail sont difficiles, insatisfaisan-
tes, difficilement maîtrisables. Nombreux sont ceux qui aimeraient se
réfugier seul dans la technicité de leur projet alors que l'attention
permanente à l'équipe est seule à construire des capacités à faire face
aux difficultés réelles. Tout montre en effet, et cette chronique en est
le pâle reflet, que dans le travail, les relations avec les autres sont
primordiales. Voilà encore deux pensées qui le disent joliment :

« *Celui qui croit pouvoir trouver en soi-même de quoi se passer de tout
le monde se trompe fort ; mais celui qui croit qu'on ne peut se passer
de lui se trompe encore davantage.* » La Rochefoucauld, *Maximes.*

« *Ce n'est pas un malheur d'être méconnu des hommes, mais c'est un
malheur de les méconnaître.* » Confucius, *Entretiens.*

Les autres sont parfois difficiles à comprendre : pensez à vos dirigeants,
à vos clients, vos collègues, votre DRH ou vos syndicalistes. Montesquieu
nous donne à ce propos un petit pense-bête bien utile :

« *Les hommes se regardent de trop près pour se voir tels qu'ils sont.
Comme ils n'aperçoivent leurs vertus et leurs vices qu'au travers de
l'amour-propre, qui embellit tout, ils sont toujours d'eux-mêmes des
témoins infidèles et des juges corrompus.* » Montesquieu, *Éloge de la
sincérité.*

Témoins infidèles d'eux-mêmes et juges corrompus, cela explique sans doute que les relations sont parfois difficiles. La variété des personnes et des histoires personnelles est telle que vous rencontrez aussi des caractériels, des individus impossibles à supporter, d'éternels insatisfaits, mécontents qui rendent la vie si difficile à leurs collègues, leur patron ou leurs collaborateurs :

« Si vous observez avec soin qui sont les gens qui ne peuvent louer, qui blâment toujours, qui ne sont contents de personne, vous reconnaîtrez que ce sont ceux mêmes dont personne n'est content. » La Bruyère, *Les Caractères.*

Sans doute plus facile à dire qu'à faire, il ne faut pas tomber dans le piège de ces personnes qui vous attrapent dans le filet de leurs relations impossibles et « mortifères » :

« Le plaisir de la critique nous ôte celui d'être vivement touché de très belles choses. » La Bruyère, *Les Caractères.*

Alors comment s'y prendre avec les autres puisqu'ils sont si importants dans la vie de travail ?

Déjà s'y intéresser :

« Il est plus nécessaire d'étudier les hommes que les livres. » La Rochefoucauld, *Maximes.*

Puis les accepter :

« Les hommes sont faits les uns pour les autres ; instruis-les donc ou supporte-les. » Marc-Aurèle, *Pensées.*

Mais aussi se garder des attitudes naïves, faciles, totalitaires sans nuances, que pointe malicieusement le cynisme de Nietzsche :

« Traiter tous les hommes avec la même bienveillance et prodiguer indistinctement sa bonté peut tout aussi bien témoigner d'un profond mépris des hommes que d'un amour sincère à leur égard. » Nietzsche, *Humain, trop humain.*

Observer sans cesse :

« On ne doit pas juger du mérite d'un homme par ses grandes qualités, mais par l'usage qu'il en fait. » La Rochefoucauld, *Maximes.*

Si jamais le manager devait tomber dans le piège d'utiliser sa mission, voire ses relations avec les autres pour récupérer de leur part une meilleure image de lui-même, il devrait alors méditer cette pensée de Gracian qui donne quelques clés sur le sens de nos relations aux autres, même dans le quotidien du travail :

« C'est beaucoup d'être admiré, mais c'est encore plus d'être aimé. La bonne étoile y contribue pour quelque chose, mais l'industrie pour tout le reste ; celle-ci achève ce que l'autre ne fait que commencer. Un éminent mérite ne suffit pas, bien que véritablement il soit aisé de gagner l'affection, dès que l'on a gagné l'estime. Pour être aimé, il faut aimer, il faut être bienfaisant. » Gracian, *L'Homme de cour.*

Il reste à espérer, cher lecteur, que cette chronique vous aura diverti, sinon intéressé, et que vous aurez récupéré quelque idée utile, sinon à vous-même du moins pour briller lors d'une prochaine rencontre avec votre DRH. La rentrée n'en est pas moins bientôt là avec la nostalgie des bons moments de vacances et l'appréhension de retrouver les aspects les moins amusants de votre travail. On pourrait seulement conseiller de laisser faire le temps : la tristesse du retour ne dure jamais très long-temps et le quotidien reprend vite le dessus. Mais quelques auteurs l'ont bien mieux dit. Au sage qui dit que l'homme est fait pour l'activité et non la passivité Marc-Aurèle, dans ses *Pensées*, fait répondre au naïf : *« Mais il faut aussi se reposer ! »*, *« Il le faut, répond, le sage, j'en conviens. La nature, cependant, a fixé les limites de ce besoin, comme elle en a mis au manger et au boire. »*

Et puis celle-ci, de Démocrite, qui nous invite à nous interroger sur NOS déceptions plutôt que sur le travail lui-même :

« Tous les travaux nous procurent plus de satisfaction que le repos, quand nous atteignons le but de nos efforts, ou quand nous savons que nous l'atteindrons. Mais la souffrance qui suit nos déceptions rend le travail à la fois pénible et affligeant. » Démocrite, *Fragments*

En cette rentrée, en ce temps des résolutions plus ou moins éphémères, permettez-moi de vous souhaiter beaucoup de sagesse. Vous en serez tellement plus heureux (et les autres aussi) ; personne n'a jamais prouvé que vous en seriez moins efficace.

Index des mots clés

www.ingramcontent.com/pod-product-compliance
Lightning Source LLC
Chambersburg PA
CBHW072310210326
41519CB00057B/3821